データブック　格差で読む日本経済

データブック
格差で読む
日本経済

みずほ総合研究所 編

岩波書店

はじめに
——世界に広がる格差問題，日本はどうか

「格差」が世界を動かした 2016 年

　今日，「格差問題」は世界的なキーワードである．2016 年 6 月 23 日の「世紀の誤算」は，英国の EU（欧州連合）からの離脱（Brexit）を巡る国民投票での賛成多数であった．同年 11 月 8 日，その「誤算」を上回る激震が走った．米国の大統領選挙で，これまで全く政治経験のないトランプ氏が勝利したのである．

　みずほ総合研究所が 2015 年末に発表した「2016 年のとんでも予想」のトップは，トランプ氏の当選だった．その「とんでも予想」の No.1 の実現が生じるほどの事態であった．「暴言」ともされる言動が目立つトランプ氏の当選は，日本人の理解をはるかに超えた米国民の不満と格差をも含めた分断の実状を浮き彫りにするものであった．同様に，Brexit 問題の背景にも英国における根強い格差への不満があったとされる．

　2016 年を飾った最大のサプライズの背景には，欧米での格差に対する予想をはるかに超えた不満や社会の閉塞感があった．2016 年 10 月の世界銀行（世銀）・国際通貨基金（IMF）総会で，米国代表をはじめ多くの人から，「包摂的成長」"inclusive growth"，中間所得層への所得分配を通じた持続的成長を重視する姿勢が示されたのも，格差意識が広がっていることを反映したものだ．ここでの「包摂的成長」の概念は世界的な潮流として様々な分野に影響を及ぼす概念になっている．

　同様に，2016 年 9 月に中国で開催された G20 サミットでも「包摂的成長」がキーワードになり，それまでの格差によって日が当たらなかった層への配分も含めた多面的成長の重要性が示されたことは注目される．まさに，世界の政治にとどまらず，経済政策から金融政策に至るまで格差の問題に端を発した論点が重視されるに至っている．そして，格差が世界を大きく動かした 2016 年であったと振り返ることができる．

「格差」と「格差感」

　一言で「格差」と言っても，人によって随分と意味合いも異なるのではないか．そもそも，格差に対する認識は，日本においての問題意識と海外での受け止め方とで随分と異なるようにみえる．世界的にも格差問題を象徴する「ピケティ・ブーム」という言葉が流行語大賞の有力候補になる勢いだ．フランスの経済学者であるトマ・ピケティ氏は著書『21世紀の資本』で世界の多くの国で所得格差が拡大していることを税務資料から実証した．彼の分析では，2度の世界大戦による資本の破壊と富裕層への課税強化等により格差は縮小したが，1970年代以降は格差が再び拡大しているという．こうした「ピケティ・ブーム」は格差に対する日本での問題意識を浮き彫りにしたが，歴史を遡れば日本では過去にも同様の格差議論は繰り返されてきた．例えば，高度経済成長期には大都市圏と地方圏，バブル期には不動産を中心に資産の有無，小泉政権下では構造改革の歪みとしての格差問題が話題になった．今日は，アベノミクスのもとでの所得や雇用，地域の格差が話題になっている．

　筆者は2013年から政府の税制調査会の委員を務めているが，税制調査会では，所得税改革に重点を置いた議論が行われている．所得税改革を行うにあたって，過去1年以上にわたり，日本の幅広い層がどのような実態になっているのかを把握する作業が行われてきた．そこでも，格差問題として国民各層の所得・資産状況等に歪みがないかを摑むことが求められた．図表1は，2015年8月の政府税制調査会の総会で，筆者が「日本の格差に関する現状」として報告した時の図表である．一言で格差とされるが，国民が格差に対して抱く「格差感」が先行し，そこでの意識と実態とは乖離があるだけに，冷静な実態把握が必要との点を示している．そもそも，格差に関する論点については先入観や固定観念も強く，一面的な見方がはびこっているように思われる．また，格差は確かに存在するものの，ばらつきも大きく，その格差を過大にとらえすぎるバイアスもある．

　今回，我々が本書を出版させていただく最大のポイントも，以上の冷静な実態把握にある．すなわち，実態を超えた格差感が先行しているのではないかとの問題意識であり，冷静な数量分析も含めた実態把握が不可欠との認識である．

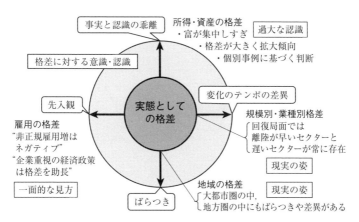

図表 1 　格差に対する認識と実態としての格差
（資料）　みずほ総合研究所作成

そこで本書では，できるだけ様々な方面からの格差に関する次元を明らかにすることを目的とした．

先の図表 1 で示したかったのは，国民が抱く格差感や格差意識と，実態としての格差に相違がみられることである．すなわち，実態と比べた過大認識，格差への先入観，ばらつきやテンポの差などを考慮しないままに，一面的に格差ととらえるケースが多いのではないかとの問題意識である．特に，今回のように所得税の抜本的な改革を行うような大きな節目に当たっては，正確な実態把握が不可欠になる．また，今日アベノミクスといわれる経済政策が行われる中で格差問題が注目されているが，現在の実相を把握しないと適切な政策を行うことは困難になる．筆者が 2015 年の税制調査会で行った報告のなかでのメッセージは，日本における格差問題は海外で議論されるような富や資産の集中という観点ではない．国民の間での格差感は海外と比べて大きくないものの，1990 年代以降のバブル崩壊に伴う長期にわたった停滞のなかで，貧困層の拡大や中間層の衰退が生じた面が大きいとの点であった．

日本の格差の実相は中間層の衰退とシフトダウン

図表 2 はバブル崩壊以降の停滞のなかで生じた日本の格差問題の 3 つの側面を示したものだ．90 年代以降，20 年以上の長期停滞が続く中でも，経済が上

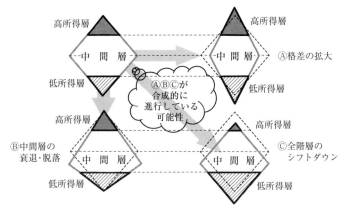

図表2 経済の停滞のなかでの三層の変化
(資料) みずほ総合研究所作成

向いたときに資産増や非正規雇用増などで格差論議が高まる傾向がみられる(図表2のⒶ).また,経済停滞の中では,格差拡大は抑制されても中間層の衰退・脱落(図表2のⒷ)や,全階層のトータルなシフトダウン(図表2のⒸ)が生じている可能性がある.このため,格差への対策とともに,経済活性化による所得の全般的な底上げも焦点になる.今日の日本の格差問題は,以上の3つの変化が合成的に,また同時に進行していることに特徴がある.すなわち,日本における格差問題の実相は,中間層が衰退し,低所得層にシフトダウンしたことに伴う貧困問題とまとめることができるだろう.こうした状況は,欧米を中心に議論されている格差問題とは異なる様相にあるだけに,日本ではこうした違いを踏まえた上での対応が不可欠になる.

今日,アベノミクスは4年以上が経過し,自由民主党の総裁任期延長が行われたことから安倍首相は2020年以降も視野に入れた長期政権を展望する段階にある.2015年に重点的にポリティカル・キャピタルをかけた集団的自衛権の課題も一段落し,再び経済政策に焦点が移る.今後は,政治的にも好循環の実現による経済活性化とその効果の波及促進が大きな課題となる.そこでは,先に示した低所得者の貧困や中間層の衰退にいかに対処するかが重要になる.今後は,期待される経済対策や,女性や若者さらには高齢者も含めた格差への対応等による生産性の回復・向上に重点が置かれることになるだろう.同時に,

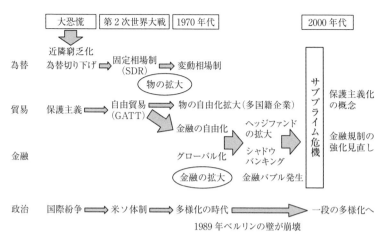

図表3 1970年代以降に進んだ市場化・グローバル化のプロセス
(資料) 高田創・柴崎健・石原哲夫(2010)『世界国債暴落』東洋経済新報社

低所得層や非正規雇用が拡大したなか,先行きの期待を改善させるためにも日本における格差問題の是正が必要になっている.現在,政治的に注目されている働き方改革や一億総活躍社会とは,こうした格差問題への対応が重視されるものである.

また,潜在成長率を引き上げて持続的な成長を実現するためにも,格差問題への対応や働き方改革を行うことが不可欠との認識が生じている.

海外での格差問題は資産集中の潮流

先述のように,2016年10月の世銀・IMF総会における世界経済の認識は「3つの「低」」,すなわち,「低成長,低インフレ,低金利」が定着し,これに対して政策面では「金融緩和,機動的な財政政策,構造改革促進を総動員」することが各種会合で繰り返された.こうしたなか総会では,米国代表をはじめ多くの人から,「包摂的成長」,中間所得層への所得分配の重視が強調された.世界各所で格差に関する問題が正面から取り上げられるような状況にあることを日本でも認識する必要がある.そして,なぜ欧米で以上のような問題意識が生じたかを考える必要がある.

以上の格差問題の背景には,70年代以降の経済・金融の発展を支えたパラ

はじめに ix

ダイムが大きく転換したことがある．以上の転換を示した概念図が**図表3**である．それは，70年代までの「物の拡大」の時代から「金融の拡大」の時代に潮流が大きく転換してきたことを意味する．そして，資産市場の拡大による資産格差が広範囲の経済構造に大きな影響を与えたことを示す．一言で言えば，資産バブルの形成により人々の間の資産格差が驚くべき水準に拡大したということになろう．その格差がピークにまで拡大したのが2010年代の世界的な環境だ．一方，日本は1990年を挟んだバブル崩壊で資産デフレに陥ったことで，資産面での格差は幸か不幸か生じにくかったのが実情だ．

金融バブルの時代

以上の実例のように，一部の資産市場の変動が経済全体を大きく揺るがすような状況は「尻尾が犬を振り回す」とされる状況である．これは英語でも「The tail waggles the dog.」として表現される．それだけ市場での金融現象が大きな影響を与え，そうした環境を所与にして，今日は新たな制度設計やリスク管理が必要になったことも考える必要がある．

金融における「レバレッジ拡大」とは「梃子の原理」を指し，自らが持っていないものを活用することである．そこでは，不足する所と余剰にある所との間での「不均衡」が前提になっている．しかも，そうした「不均衡」をあえて活用して追加的な収益を確保しようとする「欲求」があることが前提になる．その「欲求」は，悪くいえば「greedy（強欲）」とされる．ただし，レバレッジを活用した信用活動とは人間が保有する幾つかの本能の1つと言っていい．人類は常に欲望を持ち，それが常に人類の発展の源となってきたが，同時に常に行き過ぎを起こすものである．その行き過ぎが「バブル」を引き起こすとすれば，金融は常にバブルと背中合わせであり，金融にはバブルが常につきものと考えることもできる．すなわち，今日は「金融バブルの時代」，「強欲の時代」にあると考えることもできる．

70年代以降の潮流は，金融の自由化による金融レバレッジ拡大だ．「物の時代」から「金融の時代」への転換のように，世界は実体経済対比で金融が極端に膨張した時代に向かっていることの認識が必要だ．世界はこうした潮流が長らく続いていたが，日本だけは1990年代のバブル崩壊以降，まるで眠れる森

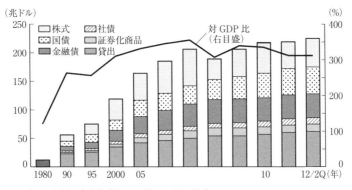

図表 4 世界の金融資産とその対 GDP 比の推移
(注) 1980 年のみ,McKinsey Global Institute(2008)による.
(資料) McKinsey Global Institute, "Financial globalization: Retreat or reset? Global capital markets 2013"(March 2013), "Mapping global capital markets: Fifth annual report"(October 2008)より,みずほ総合研究所作成

の美女が長い眠りについてしまったがごとく,世界の金融の拡張のなかで隔絶された状況にあったことも認識する必要がある.日本における欧米的な資産格差問題は,バブルのピークであった 1990 年前後であった.当時,不動産を中心とした資産を「持つ者,持たざる者」の格差問題が生じた.

尻尾が犬を振り回す時代

図表 4 に示されるように,マッキンゼー社の調査では,世界全体の GDP を実体経済の尺度とすれば,それを金融資産と対比した場合,1980 年には実体経済と金融資産の額はほぼ同じであった.それが 80 年代以降,金融資産の急膨張のなか,ピークになった 2007 年には金融資産が実体経済の 3.5 倍強にまで達した.先述の「尻尾が犬を振り回す」とは,以上のように金融資産が実体経済対比で急な拡大を生じたなかで現れた状況といえる.市場化を通じた金融資産の拡大が実体経済そのものの変動要因につながる状況が,2007 年以降のサブプライム問題やリーマンショックのように「100 年に 1 度の危機」がその後も毎年生じるような状況につながった.このところの世界の金融規制の潮流は,資産格差を背景に以上の金融レバレッジ拡大の潮流を元に戻すべく,様々な観点から規制強化を行う方向に舵が切られている.

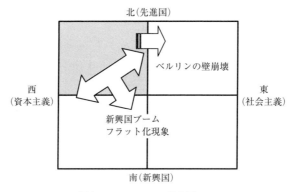

図表5 フロンティア概念図
（資料）みずほ総合研究所作成

地理的フロンティアの拡大

もう1つの70年代以降の潮流は，世界経済の地理的なフロンティアの拡大だ．70年代までの世界経済は，**図表5**にあるように東西南北の4象限のうち1つの象限だけ，網掛けをした部分，すなわち左上の「西側の北の先進国」だけが世界市場に参加するゲームだった．その構造が89年のベルリンの壁崩壊を機に大きく変化し，ロシアや中国を中心に東側の社会主義諸国も市場に参入した．その後，90年代後半以降，南の新興国も市場に参加し，東西南北の壁が軒並み崩れ，まさに「フラット化する世界」にフロンティアが拡大した．すなわち図表上の4象限全てが活用され，地球上のフロンティアがなくなる状況に向かっている．そのフロンティアとは新興国であり，最近はアフリカにも対象が及んできた．

人々が格差を意識する時代

戦後の歴史とは，参加者の拡大の歴史であった．それは，先に示した第2次世界大戦後の米・欧・日の体制から，「ベルリンの壁」崩壊による旧東側の市場経済化，さらに新興国ブームで更なる参加者，BRICs等の金融市場のフロンティアの拡大を意味した．従来は，以上の4つのセグメントは「高い壁」に囲まれて，一般の人々は自らが住む所から外は全く別の世界で，未知の世界で

あった．しかし，壁が無くなり，しかも人や情報の行き来も行われるなか，自ずと格差を意識する時代になったといえる．スマートフォンも含めたIT化の進展は世界中の情報格差を大きく縮小することにつながった．情報技術の発展は人々の利便性を高めたが，同時に，それまでは意識しなかった格差も意識させるものとなったのは皮肉な現象でもある．

また，新興国も含めた自由化の潮流のなかで，欧米先進国における中流の没落が先述の日本と同様に生じたことになる．こうした動きが，2016年の米国のトランプ現象や英国のBrexitを支えた不満層拡大の温床となった．トランプ氏が大統領に当選した背景には，特に製造業等に従事する中間層以下（労働者階級）の白人が，民主党の地盤である中西部等でもトランプ氏を後押ししたことがあるとされる．それは，技術革新・グローバル化の下での雇用不安や，非白人の増加等によって疎外感や格差意識を持った人々によるものだった．

一方，欧州においては，以上のような不満が反EU的な運動に向かうことで，一層社会的な不安を拡大させている．2017年は欧州各地で国政選挙が多く行われるが，そこでの大きな論点も移民問題を中心とした既存の中間層の不満にどう応えるかということになろう．

包摂的成長への注目

世界的レベルで「包摂的成長」が強調されるのは以上のような歴史的な背景がある．しかも，こうした不満の高まりが，Brexitやトランプ現象に代表されるように，既存の社会システム自体を内外から揺り動かす震度に達していたことに注目しなければならない．欧米においては，そもそも資産格差が極端な水準に達したことに加えて，自由化やグローバル化に伴う中間層の没落という二重の格差問題があった．日本において欧米までの状況に至っていないのは，資産格差が欧米ほど大きくないこと，さらに地理的に移民や難民への壁があったことによるものであろう．その結果，格差の意識が国内における低所得者や非正規雇用を中心とした層に限られた面がある．そして，今日世界的に格差への処方箋として最低限の保障に必要とされる額を政府が支給する「ベーシックインカム」の議論が生じるまでに至っている．

世界各所で格差に関する問題が正面から取り上げられるのは，その水準の高

さが閾値にまで達し，すでに経済の持続的成長に支障が生じうるレベルに達したとの意識が醸成されてきたことによるものである．このような状況にあることを日本でも認識する必要がある．世界中が格差を一度意識してしまった以上，その格差感はなかなか収まりそうにない．そして，その動きが一層，社会の不安を拡大させやすい不均衡の状況を生み出す．今日，世界中が包摂的成長を強調するのも，以上の格差への意識が社会の安定を揺るがすまでに至っているとの不安が背景にある．2016 年は，格差問題が世界のレジームを変えた歴史的な年として振り返られることになるのではないか．

本書の「トリセツ」，27 のテーマと 30 のキーワード

　ここで，本書の構成と特徴について，触れておきたい．「Ⅰ 国際比較でみる「格差」」では，格差問題がグローバルに広がる状況を俯瞰した上で，所得や資産などの格差をデータにより国際比較することにした．続く「Ⅱ 日本における格差の現状」では，わが国の格差の実態につき様々な指標を用いて多面的に確認した．その結果を踏まえ，「Ⅲ 日本における格差問題——何が問題か」では，格差を巡る問題点やそこから生じる影響についてさらに掘り下げることにした．そして，「Ⅳ どのような政策が必要か」では，格差に関わる諸課題について対応の処方箋を探っている．

　近年，格差問題については，わが国でも議論が広がりを見せ，関連する書籍も増えてきている．そうした中で本書の特徴を述べるとすれば，まず第一に，データによる実証的なチェックを重視したことである．先述のように，格差の意識が先行しているだけに，格差の実態を明確化すべく図表も数多く掲載した．第二は，所得や資産の格差にとどまらず，大都市と地方，大企業と中小企業，世代間など格差に係る論点をできるだけ幅広く取り上げ，格差の諸相を多角的に捉えることにした点である．第三に，格差を巡るテーマを 27 設定し，通読しなくても個別の論点につき理解しやすい組み立てとし，格差に関する辞書替わりに用いることができるようにした．各節の冒頭にはポイントを明示し，各章末にはトピックスとしてコラムを設けている．さらに，xvii ページに格差に関わる 30 のキーワードと取り上げたテーマ番号を一覧にした．まず，そのうちの幾つを認識しているか自己チェックに活用していただきたい．そして第四

に，今後に向けた政策案を提示した．わが国の先行きを展望し，今が対応を取る重要な局面との思いからの提案である．

格差を巡る8つの通説を超えて

海外では格差を背景に政治や社会が不安定化している国も見受けられるが，日本はおおむね平等を確保できているとの見方が一般的かもしれない．しかし，実状をつぶさに見ると，わが国は先進国の中で格差が小さいグループに入るとは言えなくなってきていることが確認できる．このように，格差を巡っては一般的な見方や通説とされる理解と，データ等から示される実態に相違や乖離がみられるものがある．ここで，以下の8事例を紹介しておきたい．

① 格差といえば米英のような富の集中が想起されがちであるが，所得水準の低下や貧困化という様態もある（日本ではそうした基調が現れている）．
② 格差を巡る議論は不況期に高まるように感じられるが，実際には景気の回復期や拡大期に盛り上がる傾向がある．
③ アベノミクスにより格差が拡大したという見方があるが，各種指標の動きを踏まえると，必ずしも格差は拡大していない．
④ 格差拡大の要因として高齢化が指摘されるが，現役世代でも格差が広がる趨勢がみられる．
⑤ わが国は子どもにとって平等な教育環境が整っているとみられていたが，親の経済力が子どもの教育機会の格差へと結び付きやすい構造がある．
⑥ 子どもの貧困は現在の生活水準の問題と思われがちだが，それ以上に子どもの将来への希望や困難と立ち向かう力を損なうことが問題である．
⑦ 大都市優位・地方苦境という図式で語られるケースが多いが，実際には大都市圏の中，地方圏の中でも大きなばらつきがある．
⑧ 大企業と中小企業では，中小企業の窮状に目が向きがちだが，最近の設備投資をみると中小企業の方が高い伸びを示す「逆転現象」が生じている．

このように，格差問題については一面的な見立てや思い込みから離れて，実態を踏まえた対応が求められる．

冒頭でも記したように，2016年は世界を驚かすような事象が立て続けに起こったが，それらには格差の存在が深く結び付いている．そして，わが国も格差問題と無縁ではいられない状況が生じつつある．内外ともに，今やこの問題と正面から向き合わなければならない時勢にあるといえよう．

　そうした認識の下に，筆者と各テーマの担当者は本書の執筆に取り組んだ．この書を手に取っていただいた方が，格差に関わるステレオタイプの見方を超えて少しでも格差の実相についての理解を深めていただければ，著者一同として幸いである．

　　2017年3月

みずほ総合研究所株式会社
常務執行役員　チーフエコノミスト
高田　創

格差に関わる本書のキーワード30

I 国際比較でみる「格差」

包摂的成長（inclusive growth）	→テーマ1	ベーシックインカム	→テーマ1
ジニ係数	→テーマ2	トマ・ピケティ	→テーマ3
資本所得シェア	→テーマ3	相対的貧困率	→テーマ4
等価可処分所得	→テーマ4		

II 日本における格差の現状

再分配所得	→テーマ5	生活保護	→テーマ5
貯蓄格差	→テーマ6	非正社員	→テーマ7
低年金	→テーマ9	世代会計	→テーマ10
地域間格差	→テーマ11	設備投資の逆転現象	→テーマ12

III 日本における格差問題——何が問題か

格差感	→テーマ13	一億総中流	→テーマ14
富裕層	→テーマ15	就職氷河期	→テーマ17
子どもの貧困	→テーマ18		

IV どのような政策が必要か

ジョブカフェ	→テーマ20	わかものハローワーク	→テーマ20
最低賃金	→テーマ21	同一労働同一賃金	→テーマ21
103万円の壁・130万円の壁	→テーマ21		
最高所得税率	→テーマ23	相続税・贈与税	→テーマ23
児童扶養手当	→テーマ24	給付型奨学金	→テーマ25
トリクルダウン	→テーマ27		

目　次

はじめに──世界に広がる格差問題，日本はどうか

I　国際比較でみる「格差」……………………1

1　国際的な格差問題　3
2　所得格差の大きい国，小さい国　7
3　資産が上位に集中する国　11
4　相対的貧困率が高い日本　15

コラム①　テクノロジーと貧困　19

II　日本における格差の現状……………………21

5　所得の格差　23
6　資産の格差　33
7　正社員と非正社員の格差　43
8　雇用における男女の格差　53
9　年金の格差　63
10　世代間の格差　73
11　大都市と地方の格差　77
12　大企業と中小企業の格差　86

コラム②　退職後の医療保険　97

Ⅲ 日本における格差問題──何が問題か ……………99

- 13 「格差は広がっている」と感じるか　101
- 14 縮小する中間層　105
- 15 高所得者層・富裕層の実態　113
- 16 高齢者層の格差　121
- 17 高齢期の貧困　129
- 18 子どもの貧困　135
- 19 日本経済に与える影響　141
- コラム③　年金の繰下げ受給で最大42％年金増　145

Ⅳ どのような政策が必要か ……………147

- 20 雇用に関する政策　149
- 21 賃金に関する政策　155
- 22 年金に関する政策　161
- 23 税制に関する対策　167
- 24 子どもの貧困対策　173
- 25 教育に関する対策　179
- 26 地方創生に関する対策　185
- 27 成長力向上とパイの拡大　191
- コラム④　「ふるさと納税」にみる地域間格差　195

おわりに　197

I
国際比較でみる「格差」

1 国際的な格差問題

> **POINT**
> - 極端な主張を掲げる政治勢力への支持拡大や，事前の予想を覆すような選挙・国民投票の結果など，近年世界各地で政治や社会の不安定化が生じている．
> - 米国大統領選挙で見られた「トランプ現象」や「サンダース現象」，英国の「Brexit」などの背景には，拡大する格差から生じる不満や国民の分断があるとされる．
> - 経済のグローバル化が進む中で，先進国や新興国において一握りの層に富が集中する一方で，縮小する中間層，取り残される低所得層，貧困から抜け出せない底辺層といった問題が派生している．

グローバルな政治・社会の不安定化

近年，世界各地で政治や社会の不安定化が生じている．国際紛争やテロ事件の発生，難民の増大，極端な主張を掲げる政治勢力への支持拡大，そして事前の予想を覆すような選挙結果や国民投票結果といった事象が世界を覆うかのごとく次々と生じている．このような現象は，反グローバル化，保護主義・排外主義，ナショナリズム，ポピュリズム（衆愚政治）のうねりとして受け止められるようになった．

20世紀末葉の東西冷戦の終結により，世界の隅々にまで民主主義と資本主義が拡大・定着し，大きな争いのない世界が実現するとの期待も持たれたが，その後も民族紛争やテロ事件は後を絶たず，リーマンショックのように100年に1度ともされるような経済危機にも直面した．そして，上述したようにこの数年にみられるような混沌とした状況の到来である．

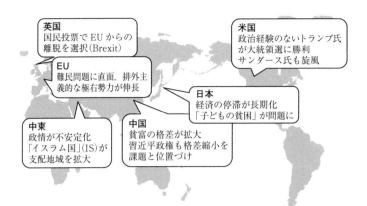

図表 1-1　世界各地で生じている社会の不安定化
（資料）　みずほ総合研究所作成

　こうした政治や社会の変動には，もちろん民族・宗教の相違や，国家の主権や安全保障を巡る相克に起因する側面もあろう．しかし，世界各地で生じている国民や市民の間での分断や亀裂は，経済的な側面，とりわけ格差や貧困の問題が抜き差しならぬものとなっていることを認識させる．冷戦の終結以降，経済のグローバル化は加速し，新興国の発展などにより世界全体の「パイ」は拡大した．にもかかわらず，その恩恵の行きつく先には偏りがあり，富が集中する層とそうではない層との間の隔たりが大きくなっていることが指摘されてきた．そうした所得や資産の格差あるいは格差感から生じる不満が，明確な形となって表出してきたというのが，近年の動きと言えそうである．

トランプ現象・Brexit・難民問題

　ここで，以上に示したような変動を，各国各地の個別事例で確認してみよう（図表 1-1）．
　まず，米国では 2017 年 1 月，トランプ大統領（共和党）の新政権が発足した．トランプ氏は過去に政治経験が全くなく，共和党内でも当初は泡沫候補と見做されていた．そのトランプ氏が大統領の座を射止めることができたのは，反移民や保護主義的な主張により，経済的な苦境に置かれていた白人労働者層から多くの支持を集めたためとされる．一方，大統領選に敗れた民主党のヒラリ

ー・クリントン氏は，経済的に裕福な支配層の味方と見られてしまった一面がある．その民主党では，大統領選前の予備選挙において，「民主社会主義者」を自認するサンダース氏がクリントン氏に支持率で一時肉薄した．これまた米国の現状に不満を抱える若者たちが，サンダース氏に期待を寄せたことによるものである．後続の節で示すように，米国では富の集中とその固定化が進んでおり，努力すれば豊かになれるという「アメリカン・ドリーム」すら半ば信じられなくなりつつあるという．いわゆる「トランプ現象」，「サンダース現象」は，米国における格差による国民の分裂を浮き彫りにするものとなった．

次に欧州に目を移すと，これまで少数派であった反EU，反移民，極右といった勢力が急速に台頭してきている．従来欧州は，EUの旗の下に国の枠組みを越えて統合を目指す方向で歩みを進めてきた．しかし，EU域内での人の動きが活発化する中で，国の独自性や雇用が奪われるといった懸念が広まり始めた．さらに，近年は中東のシリア等からの難民が急増し，各国で不安が急速に高まった．こうした変化が象徴的に表れたのが，英国のEUからの離脱(Brexit)を巡る国民投票(2016年6月)での離脱支持過半数という結果である．国民投票で離脱に投票したのは，経済面で悩みを抱える中低所得層が多かったとされる．この英国のBrexitに勢いを得て，欧州ではドイツ，フランス，イタリア，スペイン，オランダなど各国で，内向きな主張を掲げる政党や勢力が中低所得層を中心に急速に支持を広げてきている．欧州においても，格差の存在が政治的動揺の背景にあることは否定できない．

その欧州における難民問題を引き起こしているのが，混沌とする中東情勢である．イラクやシリアでは諸勢力入り乱れての激しい内戦が続いており，「イスラム国」(IS)を名乗る過激な集団まで出現した．周辺国も，テロ事件が頻発するなど政情が安定しない．身の危険から故郷を離れざるを得ない人々も続出し，難民化してその多くが欧州へ向かった．このような悲劇の温床となっているのも，政治的・宗教的対立に加えて，低所得や雇用の乏しさなど貧困の問題であることは間違いない．

高まる格差への注目度

このほか中国においても，急速な経済発展の下で貧富の差が大きくなるなど，

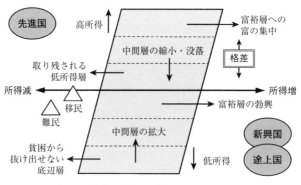

図表 1-2 先進国と新興・途上国における格差拡大
（資料） みずほ総合研究所作成

格差問題は先進国，新興国，途上国を問わず広く世界中で懸念視されるに至っている．

冷戦の終結後，経済のグローバル化や新興国の台頭の中で，所得や資産の偏在が進行した．先進国では，一握りの富裕層に富が集中する一方で中間層は縮小し，取り残される低所得層が増加した（**図表 1-2**）．新興国や途上国においても，経済成長の成果を享受して富裕層が勃興したり，中間層が拡大し始めるも，他方で貧困から抜け出せないより多くの層が底辺を構成している．そして日本も，こうした実相の例外ではありえない．

そのようななかで近年関心が高まっているのが，「包摂的成長」（inclusive growth）である．これは，低所得層，貧困層を含めて広く恩恵が及ぶような成長の在り方を示すもので，国際会議等でもしばしば提唱されるようになった．また，最低限の所得を保障するために政府が一定額を給付する「ベーシックインカム」の考え方も，政策テーマとして浮上してきている．このように深刻度を増す格差問題にいかに対処していくかということが，内外共通の喫緊の課題と見做されるようになった．

そこで本書では，グローバルな懸案としても注目度を高める格差問題に焦点を当て，わが国において実態として格差はどのような状況にあるのかを国際比較も含めて明らかにしつつ，その実態を生み出している要因を考察していく．その上で，今後必要になると考えられる政策的な対応を提案する．

2

所得格差の大きい国,小さい国

> **POINT**
> - 格差の大きさを示す様々な指標の中で,最も一般的に用いられる指標がジニ係数である.ジニ係数は所得や資産の偏りの大きさを示し,0（完全に平等）から1（完全に不平等）の間の値を取る.
> - ジニ係数を始めとする様々な指標からみて,米国を始めとするアングロサクソン諸国,南欧諸国等では所得格差が大きい傾向にある.これに対し,北欧諸国や中東欧諸国等では所得格差が小さい傾向にある.
> - ジニ係数,高所得世帯への所得集中度,所得上位世帯と所得下位世帯の所得倍率のいずれの指標でみても,日本の所得格差は先進国の中でやや大きい状況にあると言える.

ジニ係数で見て日本の所得格差はやや大きい

「はじめに」で見たように,格差拡大は世界的な懸念材料となっており,その動向に大きな注目が集まっている.本節では,「所得」の格差に着目し,先進国の状況を概観することとする.

図表2-1は,OECD（経済協力開発機構）加盟国の再分配所得のジニ係数を示したものだ.再分配所得とは,税・社会保障による再分配を行った後の所得を指す.ジニ係数とは所得や資産の分配がどのくらい不平等かを示す指標で,0（完全に平等に分配されている場合）から1（世の中の所得や資産を1人が独占するような完全に不平等な分配の場合）までの間の値を取る.ジニ係数は時系列の比較や国際比較がしやすいという特徴があり,様々な格差に関わる指標の中でも最も一般的に使用される指標である.なお本節では経済発展の度合いを揃えるために,1人あたりGDPが3万ドル以上（2015年,購買力平価）の国を見ている.以下で

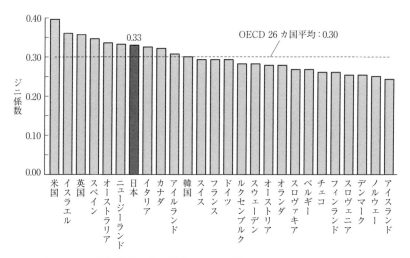

図表 2-1　再分配所得のジニ係数（OECD 26 カ国）
（注）　OECD 26 カ国は，OECD 加盟国のうち 1 人あたり GDP が 3 万ドル以上（2015 年，購買力平価）の国．
（資料）　OECD Statistics より，みずほ総合研究所作成

は，これらの国を OECD 26 カ国と呼ぶ．

　この図表 2-1 によると，再分配所得のジニ係数は OECD 26 カ国平均で 0.30 である．なかでもアングロサクソン諸国（米国，英国，オーストラリア等），イスラエル，南欧諸国（スペイン，イタリア），日本で所得格差が大きい傾向にある．一方，所得格差が相対的に小さいのは北欧諸国（アイスランド，ノルウェー，デンマーク，フィンランド），中東欧諸国（スロヴェニア，チェコ，スロヴァキア），西欧諸国の一部（ベルギー，オランダ等）である．フランスやドイツ等の欧州主要国の所得格差は，先進国の中で中程度の大きさと言える．

所得が上位 10% の世帯に集中する割合

　ジニ係数は便利な指標だが，この指標のみから各国の所得分配の具体的な状況を読み取ることは難しい．そこで，上位 10% の高所得世帯が全世帯の所得の何 % を得ているか（上位 10% 世帯の所得シェア）を見たものが図表 2-2 である．言うまでもなく，この数値が高いほど高所得世帯への所得集中が進んでいることを意味する．

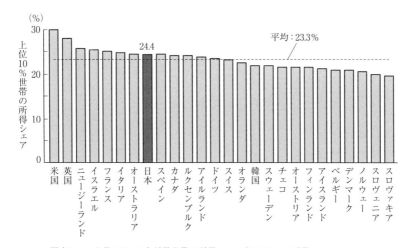

図表 2-2 上位 10% の高所得世帯の所得シェア（OECD 26 カ国）
（注） 国内の総所得に占める上位 10% 世帯の所得の割合．OECD 26 カ国は，
OECD 加盟国のうち 1 人あたり GDP が 3 万ドル以上（2015 年，購買力平価）
の国．
（資料） OECD Statistics より，みずほ総合研究所作成

　これによると上位 10% 世帯の所得シェアは OECD 26 カ国の単純平均で 23.3% である．国別には，アングロサクソン諸国（米国，英国，ニュージーランド等），イスラエル，フランス，南欧諸国（イタリア，スペイン），日本で上位 10% 世帯の所得シェアが高い．一方，中東欧諸国（スロヴァキア，スロヴェニア，チェコ），北欧諸国（ノルウェー，デンマーク，アイスランド，フィンランド等）で，上位 10% 世帯の所得シェアが低い傾向にある．

上位 10% 世帯は下位 10% 世帯の何倍の所得を得ているか

　次に図表 2-3 は，OECD 26 カ国について上位 10% 世帯の所得シェアと下位 10% 世帯の所得シェアの比率（以下，上位・下位 10% 世帯の所得倍率）を見たものである．この比率は最も高所得の世帯が最も低所得の世帯の何倍の所得を得ているかという点から，所得格差の大きさを示すものである．

　これによると，上位・下位 10% 世帯の所得倍率は OECD 26 カ国平均で 8.2 倍である．国別には米国（18.8 倍）で最も高く，これにイスラエル（15.1 倍），スペイン（11.6 倍），イタリア（11.2 倍），日本（10.6 倍）が続く．

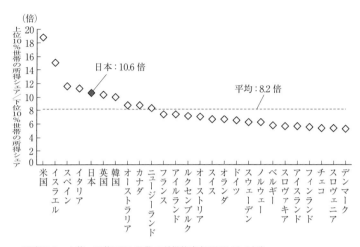

図表 2-3 上位・下位 10% 世帯の所得倍率（OECD 26 カ国）
(注) 所得上位 10% 世帯の所得シェアと所得下位 10% 世帯の所得シェアの倍率．OECD 26 カ国は，OECD 加盟国のうち 1 人あたり GDP が 3 万ドル以上（2015 年，購買力平価）の国．
(資料) OECD Statistics より，みずほ総合研究所作成

なお本図表を前出の**図表2-2**と比べると，上位10%の高所得世帯の所得シェアがOECD 26カ国の中で高くても，上位・下位10%世帯の所得倍率が同程度に高いとは限らないことが分かる．例えば，英国は上位10%世帯の所得シェアがOECD 26カ国中2番目に高いが，上位・下位10%世帯の所得倍率は同6番目へと低下する．同様にニュージーランド，フランスは上位10%世帯の所得シェアがそれぞれOECD 26カ国中3番目，5番目であるが，上位・下位10%世帯の所得倍率は同10番目，11番目である．これらの国は高所得世帯に所得が集中する傾向がある一方，再分配政策等により高所得世帯と低所得世帯の格差が一定程度抑制されている可能性がある．

それでは日本の場合はどうだろうか．日本の上位10%世帯の所得シェアはOECD 26カ国中8番目であるのに対し，上位・下位10%世帯の所得倍率は同5番目へと上昇しているように，低所得世帯への所得再分配が十分機能していない懸念がある．日本は米国のように突出して所得格差が大きいとまでは言えないものの，総合的に見て，先進国の中で所得格差がやや大きい状況にあると言えそうである．

3

資産が上位に集中する国

> **POINT**
> - トマ・ピケティ著『21世紀の資本』は，膨大な租税データに基づいて，資本主義が格差拡大のメカニズムを内包しうる問題を提起した．そのメカニズムの鍵となるのが富の偏在である．
> - 同書では各国で所得のうち資本の取り分が上昇する傾向があること，世界の富が一部の富裕層に集中する傾向が指摘されている．そうした傾向が特に著しい国として挙げられているのが米国である．
> - 資産が上位1％，上位10％に集中する度合は先進国の中でも差があるものの，米国で突出して高い．各種指標を総合すると，日本の資産格差の大きさは総じて中程度と言える．

ピケティ氏が示した格差拡大のメカニズム

フランスの経済学者であるトマ・ピケティ氏は著書『21世紀の資本』で，膨大な租税データに基づいて格差拡大のメカニズムを提示し社会に衝撃を与えた．同著における議論のアウトラインはこうだ．まず，先進国の経済成長率の低下や高い貯蓄率によって所得に対する資本ストックの比率(資本/所得)が上昇していること，資本収益率(r)が経済成長率(g)を上回るという歴史的事実があることから，先進国で国民所得のうち労働ではなく資本の取り分(資本所得シェア)が年々拡大していくと指摘した．これに加えて，少子化による相続資産の集中などを通じて資本の保有状況に大きな偏りが生じる結果として，先進国で経済格差が拡大すると主張したのである．

図表3-1は『21世紀の資本』より，米国，ドイツ，フランス，英国の資本所得シェアの推移をみている．各国の資本所得シェアは1980年前後より上昇し

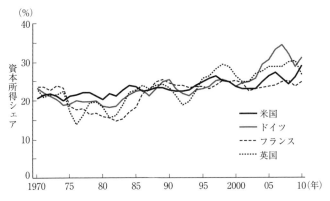

図表 3-1　資本所得シェアの推移
（注）　資本所得シェアとは国民所得に占める資本の取り分の割合.
（資料）　トマ・ピケティ（2014）『21 世紀の資本』みすず書房より，みずほ総合研究所作成

ており，国民所得に占める資本の取り分は緩やかに拡大してきていると言える.

　ピケティ氏の議論には批判もある．例えば資本収益率が常に経済成長率を上回るという前提については，これを裏付ける理論が欠けているとして，その将来的な妥当性に疑問が示されている．また日本の場合は高齢化によって貯蓄率が低下しているほか，投資機会の縮小によって資本収益率が低迷しており，ピケティ氏の言う格差拡大のメカニズムが機能していないとの見方もある.

　このようにピケティ氏の指摘には批判の余地がある．しかし，資本主義の発展を通じて格差が是正されるのではなく，資本主義がその中に格差拡大のメカニズムを内包しうるという問題を提起した功績は大きいと言えるだろう.

上位 62 人に集中する世界の富

　国民所得のうち資本の取り分が拡大しても，その資本の取り分が公平に分配されるのであれば，経済格差の拡大につながらない．資本所得シェアの拡大が経済格差の拡大につながる鍵となっているのが，ピケティ氏も指摘する富の偏在である．先進国における富の偏在はどのような状況にあるのだろうか.

　『21 世紀の資本』は米国および欧州全体で見たトップ 1％ の財産シェアが 20 世紀前半に大幅に低下したものの，1970 年頃より再び上昇していると指摘し

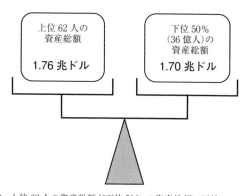

図表 3-2　上位 62 人の資産総額が下位 50% の資産総額に匹敵
（注）　上位 62 人の資産総額は米『フォーブス』誌の長者番付に基づく．
（資料）　Oxfam International (2016) "An Economy For the 1%" より，みずほ総合研究所作成

ている．とりわけ米国では，トップ 1% が資産の 30% を保有するなど，資産が一部の富裕層に著しく集中していることを示している．

　世界の貧困撲滅を目指して活動する国際協力団体オックスファムも，一部の富裕層への富の集中傾向に警告を発している．2016 年 1 月に同団体が公表した報告書（「最も豊かな 1% のための経済」）は，世界の資産保有額で見て上位 62 人が保有する総資産が，世界の資産保有で見て下位 50%（36 億人）が保有する総資産に匹敵していると指摘する（**図表 3-2**）．この上位 62 人の総資産は 2010 年以降の 5 年間で 44% 増加しており，2015 年に 1.76 兆ドルに達したという．

資産格差の大きい国・小さい国

　ただし，資産格差の大きさには国による違いもある．**図表 3-3** は，関西学院大学の四方理人准教授が行った国際比較分析より，日本を含む先進 8 カ国について純資産が上位 1% 世帯の資産保有割合，上位 10% 世帯の資産保有割合，純資産のジニ係数を示したものだ．なお，純資産とは総資産（金融資産・非金融資産の合計）から負債総額を差し引いたものである．

　これによると，上位 1% 世帯の資産保有割合は米国（33%）で突出して高く，これにスウェーデン（18%），ドイツ（16%）が続く．一方，日本（9%），英国（10%），イタリア（11%）では上位 1% 世帯の資産保有割合が相対的に低い．

図表 3-3　先進 8 カ国の資産格差を巡る状況

	カナダ	フィンランド	ドイツ	イタリア	スウェーデン	英国	米国	日本
上位 1% 世帯の資産保有割合 (%)	15	13	16	11	18	10	33	9
上位 10% 世帯の資産保有割合 (%)	53	45	55	42	58	45	71	49
ジニ係数	0.75	0.68	0.80	0.61	0.89	0.66	0.84	0.76

(注)　ここで言う資産は純資産(金融資産・非金融資産からなる総資産から負債総額を差し引いたもの).
(資料)　四方理人(2011)「日本の資産格差——JHPS とルクセンブルク資産調査による国際比較」樋口美雄ほか編『教育・健康と貧困のダイナミズム——所得格差に与える税社会保障制度の効果』慶應義塾大学出版会より抜粋

　次に上位 10% 世帯の資産保有割合をみると，米国(71%)，スウェーデン(58%)，ドイツ(55%)で相対的に高く，イタリア(42%)，フィンランド(45%)，英国(45%)で低い傾向にある．日本は 49% と比較対象国の中で中程度の位置づけである．

　最後に純資産のジニ係数を見ると，スウェーデン(0.89)，米国(0.84)，ドイツ(0.80)で相対的に高く，イタリア(0.61)，英国(0.66)，フィンランド(0.68)で相対的に低い．日本は 0.76 とやはり中程度の位置づけである．

　いずれの指標を見ても，先進国の中では米国の資産格差が突出して大きい．日本は米国のような上位 1% 世帯への極端な資産集中は起きていないものの，先進国の中で見れば資産格差は中程度の大きさと言える．

4

相対的貧困率が高い日本

> **POINT**
> - 相対的貧困はある社会で標準的な生活を送ることが難しい状況を指し，絶対的貧困(衣食住に欠く状況)とは異なる．相対的貧困率は相対的貧困の状況にある人の割合を意味する．
> - 先進国の相対的貧困率を比較すると，総じてアングロサクソン諸国や南欧諸国で高く，北欧諸国や中東欧諸国，フランス，ドイツ等で低い傾向がみられる．
> - 日本の相対的貧困率は上昇傾向にあり，さらにその水準は1人あたり所得が3万ドル以上のOECD加盟国(26カ国)の中で3番目に高い．貧困は日本にとって看過できない問題となっている．

絶対的貧困と相対的貧困

厳しい経済状況に置かれている人がテレビや新聞等で取り上げられた際，「これは貧困ではないのではないか」といって批判が寄せられることがある．このような批判が生じる理由の1つに，人によって「貧困とは何か」という定義や考えが異なることがあると考えられる．

貧困を測る物差しとして，一般に用いられるのが「絶対的貧困」と「相対的貧困」である．絶対的貧困とは，衣食住に事欠く等，必要最低限の生活水準を送る上で必要な所得未満で暮らす状態を指す．世界銀行は絶対的貧困を測る国際的な基準として「購買力平価換算で1日あたりの所得が1.90ドル未満」という国際貧困ラインを定めている．世界銀行によれば世界の絶対的貧困層は，1990年には20億人弱(世界人口に占める割合は37.1%)だったが徐々に減少しており，2015年には7億人強(同9.6%)となった見通しである(**図表4-1**)．

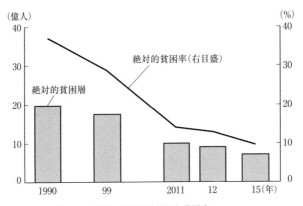

図表 4-1　世界の絶対的貧困層と貧困率
(注)　2015年は見通し．
(資料)　世界銀行資料より，みずほ総合研究所作成

　一方，相対的貧困は，絶対的貧困に該当するような衣食住に欠く状況ではなく，ある社会で標準的な生活を送ることが難しい状況を指す．例えば，衣食住は確保できていても，医療費の負担から病気になっても通院を控えざるを得ない，通学定期券や制服を買うことが難しい，経済的理由から進学できない等の状況は相対的貧困に当てはまる可能性がある．

　OECDは，社会の構成員全員を1人あたり可処分所得の順に並べ，そのちょうど真ん中にあたる人の所得(所得中央値)の半分の所得を貧困ラインと定義している．この貧困ライン未満の所得の人の割合が相対的貧困率である(**図表4-2**)．ここでの1人あたり可処分所得は世帯人員が多いほど1人あたり生活コストが安く済む影響等を調整した等価可処分所得が用いられており，世帯の可処分所得を世帯人員の平方根で割ることによって計算される．

　相対的貧困率の利用には注意も必要である．この指標では個々人の資産の多寡は考慮されないほか，国による人口構造や現物給付(社会保険や社会福祉における医療や福祉サービス)の充実度の違いも反映されない．しかしそうした点に留意した上であれば，標準的な生活が難しい人の割合を国際比較したり，時系列の変化を確認する際に，相対的貧困率は有用な指標と言えるだろう．

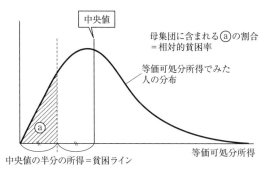

図表 4-2　相対的貧困率の定義
（資料）　厚生労働省資料を参考に，みずほ総合研究所作成

政府は 2009 年に初めて相対的貧困率を公表

日本では 1970 年代に国民の 9 割が自らの生活の程度を「中」と考える「一億総中流社会」が実現したと言われる（テーマ 14）．国民の多くが人並みの生活を享受できているという意識の裏側で，貧困問題は注目されてこなかった．

こうした社会の意識もあり，貧困に関わる公式な統計は 2009 年まで公表されてこなかった．政府がこの年に初めて OECD 基準に基づく相対的貧困率を公表した背景には，リーマンショック後に生じた急激な雇用情勢の悪化によって，貧困問題への社会的な関心が急速に高まったことがある．

日本の相対的貧困率は 1985 年に 12.0％ であったが，2012 年には 16.1％ まで上昇している（テーマ 5）．厚生労働省によれば，全世帯と比較して貧困世帯が多いのは，①高齢者世帯，②1 人親世帯，③単身世帯などである．これらの世帯の貧困を巡る状況は，第Ⅱ章，第Ⅲ章で詳しく取り上げる．

日本の相対的貧困率は OECD 26 カ国中 3 番目に高い

それでは国際的に見て，相対的貧困率はどの国で高く，どの国で低いのだろうか．図表 4-3 は OECD 加盟国の相対的貧困率を見たものだ．ここでは 2015 年の 1 人あたり GDP が 3 万ドル以上の OECD 26 カ国について見ている．

これによると相対的貧困率はアングロサクソン諸国や南欧諸国で高い傾向にある．具体的には，イスラエル（20.9％），米国（17.4％），日本（16.0％），スペイン

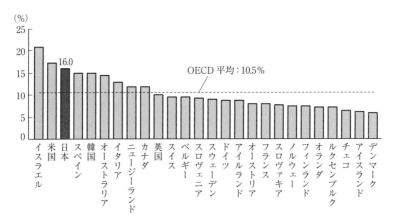

図表 4-3 OECD 26 カ国の相対的貧困率
(注) 1. OECD 26 カ国は，OECD 加盟国のうち 1 人あたり GDP が 3 万ドル以上（2015 年，購買力平価）の国.
2. 等価再分配所得（世帯規模を考慮した 1 人あたり再分配所得）で見た相対的貧困率（年齢計）. 日本，ニュージーランド，スイスは 2009 年，それ以外は 2010 年のデータ.
(資料) OECD Statistics より，みずほ総合研究所作成

(15.0%)，韓国(14.9%)，オーストラリア(14.5%)，イタリア(13.0%)等で高い．一方，デンマーク(6.0%)やアイスランド(6.3%)等の北欧諸国，チェコ(6.5%)やスロヴァキア(7.8%)等の中東欧諸国，ルクセンブルク(7.2%)，オランダ(7.2%)等では貧困率が低い傾向にある．

これまで見てきたように日本は相対的貧困率の上昇基調が続いているだけでなく，先進国の中でみても相対的貧困率が高い状況にある．一億総中流という意識の裏側で，日本にとって貧困問題は看過できない状況になっている．

―― コラム① ――

テクノロジーと貧困

　人工知能や機械化の進展により，人が担う仕事が奪われるのではないかと懸念されている．人工知能の研究者である英国オックスフォード大学のオズボーン准教授の 2013 年の研究によれば，米国の就業者の職業のうち 47％ は将来，人工知能や機械によって代替される技術的な可能性があるという．
　一方でテクノロジーの発展が新たな仕事を生み出す可能性もある．総務省『平成 28 年版情報通信白書』は，人工知能が導入される職種でタスク（仕事）の量が減る反面，人工知能を導入・普及させるために必要なタスクや人工知能を活用した新しい仕事が創出されると指摘する．雇用の面でも，仕事の一部が人工知能に代替され，人がより知的で創造的な仕事に就くようになるほか，女性や高齢者の活躍の場が広がる影響が考えられるとしている．テクノロジーは人が担うタスクを変化させるが，それが雇用を減らすとは限らない．
　重要なのは，テクノロジーの発展によるタスクの変化を「人が乗り越えられる」ことである．例えば，新たな能力を得る機会が少なかったり，そうした能力を身に付けるための経済的基盤が不足している社会では，多くの人が所得低下や貧困を経験する一方，新たに生まれる仕事では人手不足が生じかねない．
　とりわけ日本では，そうしたリスクが大きなものとなる懸念がある．企業が異動や転勤を通じて個人のキャリア形成に主導的な役割を果たしてきたために，個人が自らキャリアを構築し，仕事の変化を乗り越える意識は必ずしも強くない．さらにテーマ 20 で触れるように，失業時の所得保障や就労支援への公的支出規模を GDP 比で見ると，OECD 平均で 1.4％（失業率を日本に揃えた場合は 0.7％）に対し，日本は 0.4％ と公的支援も少ない．
　テクノロジーの発展が貧困拡大をもたらさないためには，個々の労働者が自律的にキャリアを構築できるよう政策面から支援していく必要がある．その上で，仮に失業しても一定の所得保障を得ながら，迅速に新たなスキルを身に付けられるよう，失業時の所得保障を強化することや，職業訓練等の中身を刷新していくことも必要となるだろう．

Ⅱ
日本における格差の現状

5

所得の格差

> **POINT**
> - 世帯の「当初所得」の格差は拡大傾向が続いているが,当初所得から税金,社会保険料を控除し,社会保障給付を加えた「再分配所得」の格差は2000年代以降はほぼ横ばいで推移している.
> - 1人あたりの所得格差をみると,当初所得の格差は拡大しているが,再分配所得の格差は縮小している.年齢階級別には,高齢者の所得格差が大きい.
> - 一方で,相対的貧困率が上昇しているほか,生活保護の受給世帯数が増加しており,貧困層の拡大が懸念される.生活保護の受給は高齢者世帯の増加の影響が大きいが,現役世代の受給世帯も増加している.

世帯の当初所得の格差は拡大

日本における所得格差の現状をいくつかのデータから確認する.

厚生労働省「所得再分配調査」は1960年代からおおむね3年ごとに行われている調査であるが,同調査によると,ジニ係数(0に近づくほど格差が小さく,1に近づくほど格差が大きいことを表す.詳細は**テーマ2参照**)でみた世帯の「当初所得」の格差は1980年代以降拡大を続けている(**図表5-1**).なお,同調査の当初所得とは,雇用者所得(賃金等),事業所得(事業を営んでいる人のその事業から生ずる所得),財産所得(利子所得等)や,私的給付(仕送り,企業年金,生命保険金等)等の合計額であり,公的年金等の社会保障給付は含まない.

世帯の当初所得の格差拡大が続いているのは,高齢者世帯が増加した影響が大きい.多くの高齢者世帯では,主な収入が公的年金であるが,当初所得には公的年金が含まれないためである.

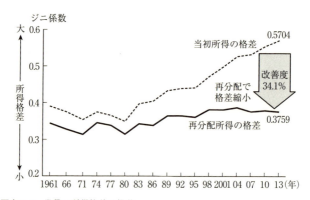

図表 5-1 世帯の所得格差の推移
(資料) 厚生労働省「所得再分配調査(各年版)」より,みずほ総合研究所作成

再分配所得の格差は縮小

　一方,当初所得から税金,社会保険料を控除し,年金をはじめとする社会保障給付(現金,現物給付)を加えた世帯の「再分配所得」の格差をみると,2000年代以降はほぼ横ばいであり,格差拡大はみられない(図表5-1).なお,現物給付とは医療保険では診療や検査,投薬,入院などの医療行為,介護保険では介護サービス等を指す.

　再分配による格差縮小は,当初所得の格差が拡大するなか,税や社会保障を通じた所得再分配により,所得格差が是正される効果が高まっていることを表している.直近のデータである2013年をみると,当初所得のジニ係数0.5704から再分配所得のジニ係数0.3759へと格差が縮小しており,所得再分配による格差の改善度は34.1%と過去最高となった.

1人あたりの当初所得の格差も拡大

　世帯の所得が同じでも世帯の人数が違えば生活水準は異なる.「所得再分配調査」では,1人あたり(世帯員単位)の所得格差のデータも公表されている.なお,1人あたりの所得には世帯の所得を世帯人員の平方根で割った「等価所得」(詳細はテーマ4参照)を用いている.

　1人あたりの所得格差のデータは1998年以降公表されているが,世帯所得

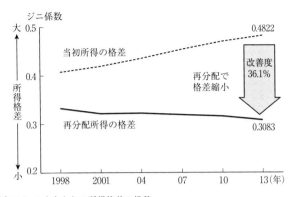

図表 5-2　1 人あたりの所得格差の推移
（資料）　厚生労働省「所得再分配調査（各年版）」より，みずほ総合研究所作成

と同様に，当初所得の格差は拡大を続けている（図表 5-2）．一方，再分配所得の格差は 2001 年以降おおむね縮小し続けている．直近の 2013 年のデータをみると，当初所得のジニ係数 0.4822 から再分配所得のジニ係数 0.3083 へと格差が縮小しており，所得再分配による格差の改善度は 36.1％ と世帯所得と同様に過去最高となった（図表 5-2）．

高齢期で大きい所得格差

「所得再分配調査」では，1 人あたり所得について年齢階級別の格差を確認することができる．年齢階級別の当初所得については，60 歳以上の世代の所得格差が非常に大きい（図表 5-3）．また，直近のデータである 2013 年と約 10 年前となる 2004 年を比較すると，この間，格差が拡大している年齢階級と縮小している年齢階級が混在しており，おおむね現役世代と 75 歳以上では格差が拡大している（図表 5-3）．

年齢階級別の再分配所得については，社会保障給付などにより，当初所得と比べて 60 歳以上の所得格差が大幅に縮小しており，年齢階級別にみた格差の違いはそれほど大きくない．なお，2013 年と 2004 年の年齢階級別の格差を比較すると，おおむねどの年齢階級においても 2013 年の方が格差が縮小している（図表 5-3）．

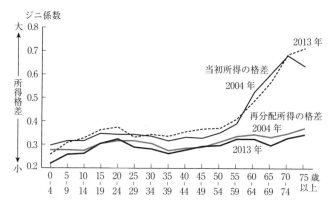

図表 5-3　年齢階級別の所得格差
(注)　世帯員の年齢階級別のジニ係数(等価所得).
(資料)　厚生労働省「所得再分配調査(各年版)」より,みずほ総合研究所作成

近年の所得格差

　2012年12月の第2次安倍政権発足後,所得格差が拡大していると指摘されることがある.「所得再分配調査」では,第2次安倍政権発足以降である2013年のデータが公表されていることから,それ以前の2010年のデータと比較することができる.2010年と2013年のジニ係数を比較すると,これまでみてきたとおり,当初所得の格差は拡大しているが,税や社会保障を通じた所得再分配後の格差は拡大していない.

　また,当初所得についても,1980年代以降は格差の拡大が続いており,2013年になって急に格差が拡大したわけではない(**図表5-1**).

「家計調査」による所得格差

　別のデータで2013年以降の所得格差の拡大はみられるだろうか.以下では,総務省「家計調査(年報)」により,2人以上世帯の近年の年収格差の推移について確認する.「家計調査」は比較的早く調査結果が公表される統計であり,現時点(2016年12月時点)で,年報ベースで2015年までの結果が公表されている.このため,第2次安倍政権発足後の3年間の年収格差の状況を確認することができる.

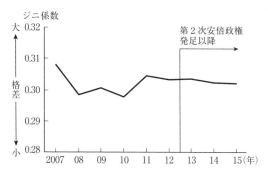

図表 5-4 近年の年収格差の推移
(注) 2人以上世帯．ジニ係数は年収階級別の世帯数と平均年収(年間収入)より算出．
(資料) 総務省「家計調査(各年版)」より，みずほ総合研究所作成

なお，「家計調査」の年収は，過去1年間の現金収入を指す．したがって，年収には図表5-1〜図表5-3の当初所得には含まれていない公的年金をはじめとする現金による社会保障給付を含む．また，図表5-1〜図表5-3の再分配所得のように税金や社会保険料は控除されておらず，医療保険や介護保険をはじめとする社会保障給付の現物給付は含まないといった違いがあることには留意する必要がある．

「家計調査」の年収階級別の世帯数と平均年収からジニ係数を算出すると，2013年以降のジニ係数はおおむね横ばいからやや低下傾向にある(図表5-4)．したがって，本調査からは，第2次安倍政権発足後に所得格差が拡大している様子を確認することはできない．

「全国消費実態調査」による所得格差

次に総務省「全国消費実態調査」により所得格差を確認する．

同調査は5年ごとに実施されている調査であり，2人以上世帯の年間収入格差について時系列のジニ係数が公表されている．

同調査によると，1979年調査のジニ係数は0.271であったが，直近の2014年調査のジニ係数0.314まで徐々に上昇している(図表5-5上)．第2次安倍政権発足前後でみても，2009年調査の0.311から2014年調査の0.314へとやや上昇しており，年間収入格差が拡大している．

5 所得の格差 27

図表 5-5　年間収入のジニ係数(2人以上世帯)

ジニ係数の推移

1979年	84	89	94	99	2004	09	14
0.271	0.280	0.293	0.297	0.301	0.308	0.311	0.314

世帯主の年齢階級別のジニ係数

	30歳未満	30～39	40～49	50～59	60～69	70歳以上
14年	0.227	0.223	0.249	0.284	0.339	0.305
09年	0.228	0.233	0.260	0.285	0.327	0.310
14年-09年	-0.001	-0.010	-0.011	-0.001	0.012	-0.005

(資料)　総務省「全国消費実態調査 所得分布等に関する結果(2014年)」より，みずほ総合研究所作成

　ただし，世帯主の年齢階級別にみると，2009年調査と比較して2014年調査のジニ係数が上昇したのは，世帯主が60～69歳の世帯のみであり，その他の年齢階級では全て低下している(図表5-5下)．世帯主が60～69歳の世帯が全世帯の約4分の1を占めるため，同世帯のジニ係数の上昇が全体のジニ係数を押し上げている．

貧困ラインは低下傾向

　「貧困ライン」は，1人あたり所得の中央値の半分に相当する所得水準を指す．なお，1人あたり所得とは，世帯の所得から税金・社会保険料等を除いたいわゆる手取り収入を世帯人員の平方根で割った「等価可処分所得」である(テーマ4)．

　厚生労働省「国民生活基礎調査」によると，2012年の所得の中央値は244万円であり，貧困ラインとなる所得水準は年122万円である(図表5-6)．1985年以降の貧困ラインの推移をみると，1997年の149万円をピークに徐々に低下し続けている．

　また，物価上昇分を考慮した貧困ラインの実質値(その年の等価可処分所得を1985年を基準とした消費者物価指数で調整した値)でみると，2012年は111万円であり，1980年代の水準(110万円前後)とほとんど変わらない水準にとどまっている(図表5-6)．

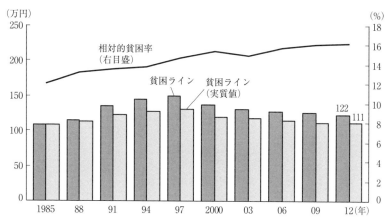

図表 5-6　貧困ラインと相対的貧困率(国民生活基礎調査)
(注)　貧困ラインは，等価可処分所得の中央値の半分に相当する所得水準．実質値は，1985年を基準とした消費者物価指数(持家の帰属家賃を除く総合指数(2010年基準))で実質化したもの．
(資料)　厚生労働省「国民生活基礎調査(各年版)」より，みずほ総合研究所作成

総務省「全国消費実態調査」でも貧困ラインが公表されている．同調査によると，貧困ラインは1999年の156万円から徐々に低下しており，2004年には145万円，2009年には135万円，2014年には132万円となった(図表5-7)．「国民生活基礎調査」とは，調査年や貧困ラインの水準は異なるものの，両調査とも貧困ラインが低下し続けていることは同じである．

相対的貧困率は上昇

貧困ラインを下回る所得しか得ていない人の割合が「相対的貧困率」である(テーマ4)．貧困ラインが下がっているなか，厚生労働省「国民生活基礎調査」によると，相対的貧困率は2003年にやや低下したものの，その後は再び上昇しており，2012年には16.1%と1985年以降で最も高い水準になった(図表5-6)．なお，総務省「全国消費実態調査」でみると，相対的貧困率は1999年の9.1%から2004年9.5%，2009年10.1%と上昇していたが，2014年は9.9%と若干下がっている(図表5-7)．

相対的貧困については，絶対的貧困(テーマ4)とは異なり，貧困ラインをやや下回る程度の所得水準であれば，必ずしも衣食住にも事欠く状態であるとい

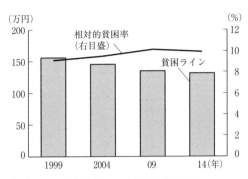

図表 5-7　貧困ラインと相対的貧困率(全国消費実態調査)
(資料)　総務省「全国消費実態調査(2014 年)」より,みずほ総合研究所作成

うわけではない.しかし,1 人あたりの所得が「国民生活基礎調査」の 2012 年の貧困ラインである 122 万円(1 カ月あたり 10.2 万円)の場合であれば,等価可処分所得の考え方により世帯人数別に世帯可処分所得を計算すると,2 人世帯では 122 万円 $\times \sqrt{2}$ = 173 万円(同 14.4 万円),3 人世帯では 122 万円 $\times \sqrt{3}$ = 211 万円(同 17.6 万円),4 人世帯では 122 万円 $\times \sqrt{4}$ = 244 万円(同 20.3 万円)である.居住する地域等により差はあるものの,わが国で生活するには十分な所得水準とはいえないだろう.

生活保護受給世帯が増加

わが国では,資産や能力等すべてを活用してもなお生活に困窮する場合に,生活保護制度による給付を受けることができる.

生活保護制度は,困窮の程度に応じて必要な保護費を支給することで,健康で文化的な最低限度の生活を保障し,自立を助ける制度である.生活保護は世帯単位で行われ,世帯員全員が,利用し得る資産,能力その他あらゆるものを,最低限度の生活の維持のために活用することが前提である.

生活保護制度では,世帯の収入と厚生労働大臣の定める基準で計算される「最低生活費」を比較して,収入が最低生活費に満たない場合に給付を受けることができる.支給される保護費は,最低生活費から収入を差し引いた差額である(図表 5-8).なお,最低生活費は,居住している地域や世帯の構成等により異なる.例えば,東京都区部在住の場合の 2016 年 4 月 1 日現在の最低生活

図表 5-8　支給される生活保護費のイメージ

支給される保護費のイメージ

最低生活費	
年金, 児童扶養手当等の収入	支給される保護費

生活扶助基準額(最低生活費)の例(2016 年 4 月 1 日現在)

	東京都区部等 (円)	地方郡部等 (円)
3人世帯(33歳, 29歳, 4歳)	158,380	129,910
高齢者単身世帯(68歳)	79,790	64,480
高齢者夫婦世帯(68歳, 65歳)	119,200	96,330
母子世帯(30歳, 4歳, 2歳)	188,140	158,170

(資料)　厚生労働省

費は，3人世帯(33歳, 29歳, 4歳)で158,380円，高齢者単身世帯(68歳)で79,790円，高齢者夫婦世帯(68歳, 65歳)で119,200円，母子世帯(30歳, 4歳, 2歳)で188,140円と決められている(**図表 5-8**).

　世帯の収入には，就労による収入，年金等の社会保障給付，親族による援助等が認定される．なお，収入が少なくても，預貯金等の資産があればそれを先に活用し，働くことが可能であればその能力に応じて働くことが求められる．また，年金や手当など他の制度で給付を受けることができる場合は，まずそれらを受給することが優先される．

　生活保護には，日常生活に必要な費用として支給される「生活扶助」のほか，家賃のための「住宅扶助」，義務教育を受けるために必要な学用品費の「教育扶助」，医療サービスの費用である「医療扶助」，介護サービスの費用である「介護扶助」等がある．

　生活保護受給世帯数は，1994年以降増加し続けており，2015年は162万世帯となった．受給世帯は，「高齢者世帯」，「母子世帯」，「傷病者・障害者世帯」，「その他の世帯」に分類されており，2015年の内訳は高齢者世帯が79万世帯，母子世帯が11万世帯，傷病者・障害者世帯が45万世帯，その他の世帯が27万世帯である．生活保護世帯の増加は高齢化に伴う高齢者世帯の増加と，高齢者世帯の生活保護受給率の上昇による部分が大きい．また，高齢者世帯以外で

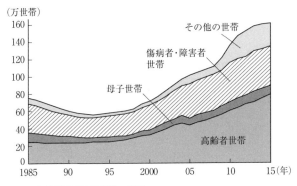

図表 5-9　生活保護受給世帯数の推移
(注) 2012年までは国立社会保障・人口問題研究所「社会保障統計年報」による. 2013～15年は厚生労働省「被保護者調査」の月次データを用いた年平均値.
(資料) 国立社会保障・人口問題研究所「社会保障統計年報(各年版)」, 厚生労働省「被保護者調査(各月版)」より, みずほ総合研究所作成

は, 就労可能な現役世代が含まれる「その他の世帯」が2010年前後以降から急増しているのが目立つ(**図表 5-9**).

格差・貧困拡大の主な背景

　格差拡大の背景としては, 最も大きな要因は人口の高齢化である. 現役世代と比べて所得格差が大きい高齢者の増加は, 全体の格差拡大につながる(テーマ 16).

　また, 現役世代の非正規雇用労働者の増加も全体の格差を拡大させる要因となるうえ(テーマ 7), 現役世代の貧困拡大のリスクにもつながる. その他, 世帯規模の縮小やIT等により定型的な仕事が減少することによる仕事の二極化(コラム①参照), 収入のない無業者の増加等, 所得格差や貧困を拡大させる様々な要因が存在する.

　少なくとも高齢化については今後もさらに進むことが避けられない. 国立社会保障・人口問題研究所の「日本の将来推計人口(2012年1月推計)」によると, 人口に占める高齢者(65歳以上)の割合は2015年の26.7%から2060年には39.9%まで上昇する見通しである. このため, 今後も中長期的に高齢化を理由とする格差や貧困が拡大する可能性がある.

6

資産の格差

> **POINT**
> - 資産格差は所得格差より大きい．住宅・宅地資産の格差は，価格動向を反映して90年代に大きく縮小した後，2000年代には横ばいで推移している．貯蓄格差は市場動向を反映して近年はやや拡大傾向である．
> - 資産格差が所得格差より大きい理由としては，高所得者ほど貯蓄率（手取り収入に占める貯蓄額の割合）が高いことが挙げられる．また，年齢階級別にみると若年世代と高齢者世代の資産格差が大きい．
> - 所得階級別の家計資産の内訳をみると，低所得世帯は住宅・宅地資産額の割合が高く，高所得世帯は貯蓄現在高の割合が高い．貯蓄の内訳は高所得世帯ほど有価証券の保有率が高い傾向が顕著である．

所得格差より大きい資産格差

資産格差は，所得格差と比較すると大きい．

総務省「全国消費実態調査」によると，住宅・宅地資産と貯蓄現在高のジニ係数(0に近づくほど格差が小さく，1に近づくほど格差が大きいことを表す．詳細はテーマ2参照)は，所得(年間収入)のジニ係数より大きい．2014年のジニ係数をみると，年間収入が0.314であるのに対し，貯蓄現在高が0.597，住宅・宅地資産が0.565となっており，所得格差より資産格差の方が大きくなっている(図表6-1)．

住宅・宅地資産の格差は縮小傾向

住宅・宅地資産の格差の推移をみると，90年代に大きく縮小した後，2000年代になって横ばいとなり，2014年にはやや縮小している(図表6-1)．これは，

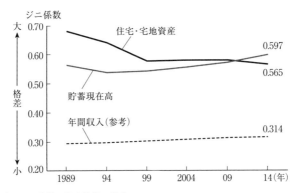

図表6-1 世帯の資産格差の推移
(注) 2人以上世帯の資産種類別のジニ係数の推移.
(資料) 総務省「全国消費実態調査(2014年)」より,みずほ総合研究所作成

住宅・宅地価格の動向も反映しているからである.

住宅・宅地価格の関連指標の推移をみると,住宅地の価格もマンションの価格も90年代初頭をピークに下がっている.図表6-2は,1985年価格を100としたときの住宅地価とマンション価格の推移をみたものである.85年以降,91年までのいわゆる「バブル期」にはいずれも価格が上昇しているが,92年には下落に転じた.なお,その後は,住宅地の価格は下落が続いているが,マンションの価格は2000年代後半以降に上昇基調となっている.

住宅・宅地資産の格差が90年代に大きく縮小したのは,90年代の住宅・宅地価格の下落により,住宅・宅地資産の所有者間での資産格差が縮小したことや,住宅価格の下落により住宅が購入しやすくなったことから,それまで住宅を保有していなかった層が購入したことなどが影響していると考えられる.

貯蓄現在高の格差はやや拡大傾向

貯蓄現在高の格差の推移をみると,89年から94年にかけては格差が縮小したものの,99年以降は徐々に格差が拡大している(図表6-1).

この貯蓄現在高には,出し入れの自由な銀行の普通預金等の「通貨性預貯金」や,一定期間預け入れる銀行の定期預金等の「定期性預貯金」のほか,「生命保険」,「損害保険」,株式や債券等の「有価証券」,社内預金や金融機関

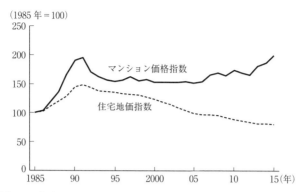

図表 6-2 住宅地とマンションの価格の動向
(注) 1985年を100として指数化したもの．いずれも全国平均．
(資料) 国土交通省「都道府県地価調査(各年版)」，不動産経済研究所「全国マンション市場動向(各年版)」より，みずほ総合研究所作成

外への預貯金等の「その他」が含まれる．

貯蓄現在高の格差拡大の背景

89年から94年にかけて貯蓄現在高の格差が縮小したのは，日経平均株価が89年12月末に最高値を記録して以降，90年代初頭に大きく下落した影響を受けていると考えられる(図表6-3)．実際，貯蓄現在高に占める有価証券の割合をみると，89年には25.6%であったが，94年には15.8%まで大きく低下している．なお，その後の貯蓄現在高に占める有価証券の割合は，10%台前半で推移している．

貯蓄現在高の格差は99年以降拡大しているが，これは前述の「全国消費実態調査」の調査年の株価は，それぞれ前の調査年より下落傾向であったものの，89年と94年ほど株価の差が大きくなかったこと(図表6-3)，所得格差の拡大に伴い貯蓄格差も拡大したと考えられること，また，高齢化が進んでいることから現役世代より資産格差が大きい高齢者世帯が増加したことなどが影響していると考えられる．

近年の貯蓄格差

所得格差と同様に，2012年12月の第2次安倍政権発足後，資産格差が拡大

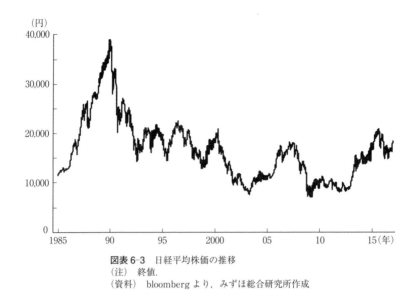

図表6-3 日経平均株価の推移
(注) 終値.
(資料) bloomberg より,みずほ総合研究所作成

しているという指摘がある.そこで,所得格差(テーマ5)と同様に,2015年までの調査結果がわかる総務省「家計調査(年報)」により,貯蓄格差の推移について確認する.

ここでは,2人以上の世帯の貯蓄現在高の格差を比較する.貯蓄現在高とは前出の総務省「全国消費実態調査」と同様で,通貨性預貯金,定期性預貯金,生命保険,損害保険,有価証券等の貯蓄残高の合計である.貯蓄現在高階級別の世帯数と平均貯蓄残高からジニ係数を算出すると,2013年から2014年にかけてはジニ係数は上昇しており,貯蓄格差は拡大傾向がみられたが,2015年はやや縮小している(図表6-4).

これは,2013年以降の株価の変動が影響していると考えられる.図表6-3で確認できるとおり,日経平均株価は2013年から2015年にかけて上昇基調であったことから,有価証券を保有する世帯と保有しない世帯とで貯蓄格差が拡大したと考えられる.

高所得者ほど高い貯蓄率

所得格差より資産格差の方が大きい理由としては,まず,おおむね所得が高

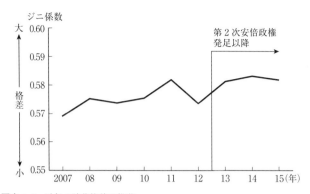

図表 6-4 近年の貯蓄格差の推移
（注） 2人以上世帯．貯蓄は，銀行預金，生命保険，有価証券等．ジニ係数は，貯蓄現在高階級別の世帯数と平均貯蓄残高より算出．
（資料） 総務省「家計調査(各年版)」より，みずほ総合研究所作成

い人ほど貯蓄率が高いことが挙げられる．

　貯蓄率とは，収入から税金や社会保険料等を差し引いた「可処分所得」(いわゆる手取り収入)に占める「貯蓄額」の割合である．貯蓄額は，可処分所得から「消費支出」(いわゆる生活費)を引いた額となる．

　ここでは，勤労者世帯の貯蓄率を年間収入の「十分位階級」別に比較した．年間収入の十分位階級とは，全ての世帯を年間収入の低い方から順番に並べ，10等分して10のグループを作った場合の各グループのことである．収入の低い方から順番に，第Ⅰ，第Ⅱ，第Ⅲ，第Ⅳ，第Ⅴ，第Ⅵ，第Ⅶ，第Ⅷ，第Ⅸ，第Ⅹ十分位階級という．

　それぞれの年間収入十分位階級について総務省「全国消費実態調査(2014年)」により貯蓄率を算出して比較すると，年間収入階級が高いほど貯蓄率が高くなる傾向がみられる．例えば，年間収入が第Ⅰ階級の世帯の貯蓄率は8.1％であるが，第Ⅱ階級では14.7％，第Ⅲ階級では16.6％と徐々に上がっており，第Ⅹ階級では27.8％となっている(図表6-5)．

　資産格差は，こうした貯蓄率の差の積み重ねになるため，所得格差より大きくなる．

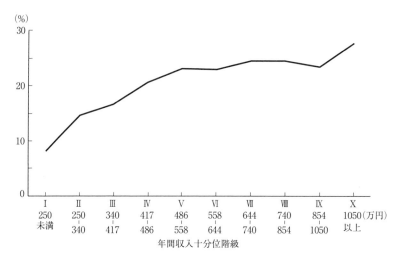

図表 6-5　年間収入十分位階級別の貯蓄率
(注)　総世帯のうち勤労者世帯の貯蓄率で，(可処分所得－消費支出)/可処分所得により算出．
(資料)　総務省「全国消費実態調査(2014年)」より，みずほ総合研究所作成

年齢階級別の資産格差

総務省「全国消費実態調査(2014年)」により，世帯主の年齢階級別の世帯の年間収入と資産総額を比較すると，年間収入の差と比較して資産総額の差が非常に大きい(図表6-6)．なお，資産総額については，貯蓄から負債を差し引いた「金融資産」と，住宅・宅地や耐久消費財等の「実物資産」の合計を比較している．

例えば，世帯主が30歳未満の世帯の年間収入は371万円であるが，年齢階級別に最も年間収入が高い世帯主50～59歳の世帯の年間収入は735万円と2倍弱の差がある．これに対し，資産総額は世帯主が30歳未満の世帯が454万円，世帯主が50～59歳の世帯は3,214万円とその差は7倍を超える．

また，世帯主が60歳以上の世帯については，年間収入は50～59歳の世帯(735万円)と比較して減少するものの(60～69歳507万円，70歳以上370万円)，資産総額は増加する．資産総額は世帯主が50～59歳の世帯で3,214万円だが，60～69歳の世帯は4,500万円，70歳以上の世帯で4,311万円となっている．

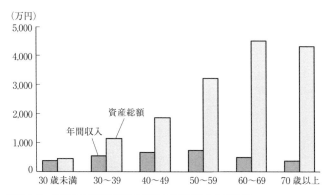

図表6-6 世帯主の年齢階級別の世帯の年間収入と資産総額
(注) 総世帯．資産総額は，金融資産(貯蓄－負債)と実物資産(住宅・宅地，耐久消費財等)の合計．
(資料) 総務省「全国消費実態調査(2014年)」より，みずほ総合研究所作成

世帯主が60歳以上の世帯と30歳未満の世帯の資産総額を比較すると，世帯主が60～69歳や70歳以上の世帯の資産総額は30歳未満の世帯(454万円)の10倍弱となっている(図表6-6)．

年間収入階級別の家計資産の保有状況の差

次に，年間収入階級別の家計資産の保有状況を比較する．

総務省「全国消費実態調査(2014年)」により，年間収入の十分位階級別に保有する家計資産(貯蓄現在高，住宅・宅地資産額，耐久消費財等資産額の合計)の状況をみると(図表6-7)，第Ⅰ階級の世帯が3,000万円台，第Ⅱ階級から第Ⅷ階級の世帯が4,000万円～5,000万円台，第Ⅸ階級の世帯が6,000万円台となっているが，年間収入が上位10%である第Ⅹ階級の世帯では1億円を超えている．家計資産の年間収入階級間の格差(第Ⅹ階級の第Ⅰ階級に対する家計資産の比，X/Ⅰ)は3.1倍となっている．

なお，負債現在高(図表6-7のマイナス部分)は，年間収入階級が低い世帯ではほとんどないが，年間収入階級が上がるほど多く，第Ⅹ階級の世帯では1,000万円を超える．家計資産の合計額から負債現在高を引いた純資産額で比較すると，年間収入階級間の格差(X/Ⅰ)は2.8倍となり，家計資産の格差より若干縮小する．

6 資産の格差　39

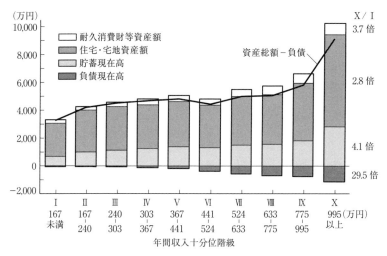

図表 6-7 年間収入十分位階級別の家計資産の内訳
(注) 総世帯.X/Ⅰは,第Ⅹ階級の第Ⅰ階級に対する各資産の比で,資産総額全体では 3.1 倍.
(資料) 総務省「全国消費実態調査(2014 年)」より,みずほ総合研究所作成

　また,家計資産の内訳をみると,おおむね年間収入階級が低い世帯の方が住宅・宅地資産額の占める割合が高く,年間収入が第Ⅰ～第Ⅱ階級の世帯では家計資産の 70% 台であるのに対し,第Ⅲ階級以上の世帯では 60% 台にとどまっている.反対に,貯蓄現在高は,年間収入が高い世帯の方がその割合が高い傾向がみられ,第Ⅰ～第Ⅲ階級は 20% 台前半だが,第Ⅳ階級以降は 20% 台後半となっている.年間収入階級間の格差(X/Ⅰ)でみると,住宅・宅地資産額は 2.8 倍,耐久消費財等資産額は 3.7 倍,貯蓄現在高は 4.1 倍であり(**図表 6-7**),貯蓄現在高の格差が大きい.

年間収入階級別の貯蓄保有状況の差

　続いて,年間収入階級別の貯蓄保有状況を比較する.
　同じく,総務省「全国消費実態調査(2014 年)」により,年間収入の十分位階級別に保有する貯蓄の内訳を比較すると,年間収入階級が低い階級の世帯の方が貯蓄全体に占める預貯金の割合が高い.年間収入階級が第Ⅰ～第Ⅱ階級の世帯で預貯金の割合が 70% 台だが,第Ⅲ～第Ⅷ階級の世帯では 60% 台,第Ⅸ～

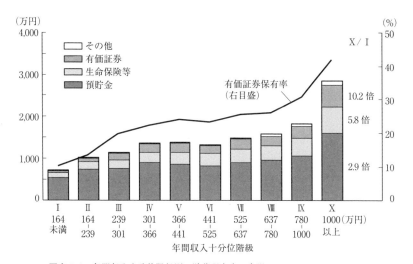

図表6-8 年間収入十分位階級別の貯蓄現在高の内訳
（注） 総世帯．X／Iは，第X階級の第I階級に対する各資産の比．貯蓄全体では4.0倍．図表6-7とは集計世帯数が異なる．
（資料） 総務省「全国消費実態調査（2014年）」より，みずほ総合研究所作成

第X階級の世帯では50％台まで低下する．一方，貯蓄全体に占める生命保険等や有価証券の割合は，おおむね年間収入階級が高い世帯の方が高い傾向がみられる（図表6-8）．

また，年間収入階級間の格差（X／I）をみると，預貯金は2.9倍だが，生命保険等は5.8倍，有価証券は10.2倍と差が大きい．なお，有価証券を保有している世帯の割合は，おおむね年間収入階級が高い世帯ほど高い傾向があり，第I階級は10％強だが，第X階級は40％強となっている（図表6-8）．

こうした有価証券保有率の差が，株価が上昇基調にある時期にはより資産格差拡大につながるため，「格差が広がっている」と感じることが多くなる一因となっている．

低貯蓄世帯の割合が拡大

貯蓄残高別の世帯割合をみると，近年は，貯蓄残高が少ない世帯の割合が上昇している（図表6-9）．

総務省「家計調査」により，2人以上世帯の貯蓄残高階級別の世帯割合の推

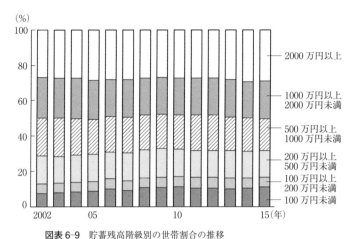

図表 6-9 貯蓄残高階級別の世帯割合の推移
(注) 2人以上世帯.
(資料) 総務省「家計調査(各年版)」より,みずほ総合研究所作成

移をみると,貯蓄残高が100万円未満の世帯の割合は,2002年には7.6%であったが,2008年以降は10～11%台で推移しており,2015年は11.1%となっている.一方,貯蓄残高が2,000万円以上の世帯の割合は,2002年には26.8%であったが,2005年には28.4%まで上昇した.その後やや低下したが,2010年以降はおおむね上昇が続いて,2015年には29.1%となっており,全体の貯蓄格差の拡大が進む傾向がみられる.

7

正社員と非正社員の格差

> **POINT**
> - 雇用者に占める非正社員の割合は上昇しており，2015年に38％となった．非正社員のうち「正社員の仕事がなかった」ために現職に就く不本意型非正社員は16％（315万人）を占める．
> - 正社員と非正社員の間には賃金面での格差に加え，社会保険や賞与，退職金，福利厚生施設の利用等の制度適用，能力開発の機会の面でも大きな差が存在する．
> - 非正社員の増加は現役世代の貧困拡大の要因となっている．非正社員の待遇改善や正社員への移行支援，職業能力開発支援などの政策を強化していく必要がある．

非正社員として働く人の増加

バブル経済崩壊後の日本では，非正社員として働く人が急速に増加してきた．役員を除く雇用者に占める非正社員の割合（非正社員比率）は2015年に38％となった．性別では男性で22％，女性で56％となっている（**図表7-1**）．

一般に，正社員は，①企業に直接雇用されていること，②雇用契約に期間の定めがないこと，③フルタイムで働いていること，の3つを備えた働き方を指す．これに対して非正社員は，正社員以外の人を幅広く指す．労働統計では，職場の呼称に基づいて非正社員をパート・アルバイト，契約社員，嘱託社員，派遣社員等として分類することがある．これとは別に，パートタイム労働法では，職場の呼称にかかわらず，週所定労働時間が，同一事業所に雇用される通常の労働者（正社員）の所定労働時間より短い者をパートタイム労働者と定義している．

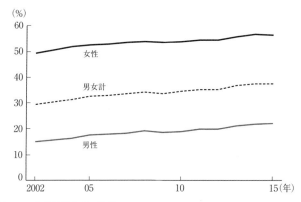

図表7-1　非正社員比率の推移
(注)　非正社員比率は役員を除く雇用者に占める非正社員の割合.
(資料)　総務省「労働力調査・詳細集計(各年版)」より，みずほ総合研究所作成

不本意型非正社員は315万人

日本で非正社員比率が大きく上昇してきた背景には，企業側の要因と労働者側の要因の双方がある．まず企業側の要因としては，バブル経済崩壊後の需要低迷やデフレ傾向，国際競争の激化等に対応するため，新卒採用を絞り込み，賃金がより安価で雇用調整を行いやすい非正社員の雇用を拡大してきたことがある．

一方，労働者側の要因としては，1990年代後半以降に生じた世帯主男性の賃金低迷によりパート労働者として働く主婦が増えてきたこと，非正社員比率が高い高齢者の就業が拡大してきたことがある．

ただし，これまでの非正社員の増加を，主婦や高齢者の雇用拡大のみで説明することは難しい．総務省「労働力調査」では，現職に就いた理由として「正社員の仕事がなかったから」を挙げる非正社員，いわゆる不本意型非正社員の数を把握することができる．これによると，不本意型非正社員は2015年に315万人に上り，非正社員の16％を占めた(テーマ20).

正社員と非正社員の賃金の格差

正社員と非正社員では，賃金にどの程度の差があるのだろうか．図表7-2は，

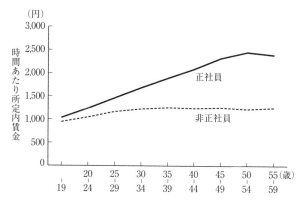

図表 7-2 正社員と非正社員の時間あたり所定内賃金
（注）　時間あたり所定内賃金は，2015 年 6 月の所定内給与額／所定内実労働時間として求めた金額．
（資料）　厚生労働省「賃金構造基本統計調査(2015 年)」より，みずほ総合研究所作成

　厚生労働省「賃金構造基本統計調査」を用いて正社員と非正社員の時間あたり所定内賃金を年齢階級別に見たものだ．これによると，20 歳代前半までは正社員と非正社員の賃金格差は比較的小さなものにとどまっている．しかし，正社員の時間あたり賃金が年齢に伴って上昇するのに対し，非正社員の賃金は横ばい傾向で推移するため，20 歳代後半以降は両者の賃金格差が拡大する．最も賃金格差が大きい 50～54 歳には正社員の時間あたり賃金は 2,457 円となり，非正社員の賃金(1,232 円)の 2 倍程度となる(**図表 7-2**)．

　ただし，これだけでは正社員と非正社員の賃金格差のどこまでが雇用形態の差によるものか，どこまでが学歴や職業等の違いによるものかを判別しにくい．そこで**図表 7-3** に，労働政策研究・研修機構の分析に基づいて学歴・職業分類の違いを調整した後の契約社員の賃金格差指数を示した．

　同指数が示しているのは，正社員の賃金を 100 とした場合の契約社員の賃金水準である．賃金格差指数が低いほど格差が大きいことを意味する．ここで契約社員を取り上げたのは，パート労働者や派遣労働者等の他の非正社員と比較して，契約社員は 1 年以上の雇用契約の者の割合や週 40 時間以上勤務する者の割合が高いなど，より正社員に近い働き方と考えられるためである．

　これによると，契約社員の賃金格差指数は年齢計で男性が 86，女性が 82 で

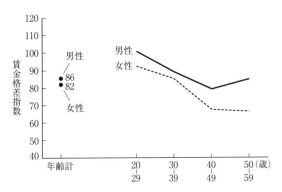

図表 7-3　契約社員の賃金格差指数
（注）　賃金格差指数は属性の違いを調整した対象正社員の賃金を 100 とした場合の契約社員の賃金．本指数が低いほど，正社員との格差が大きいことを意味する．
（資料）　浅尾裕「正規・非正規間の賃金格差から賃金を考える」労働政策研究・研修機構『Business Labor Trend』(2010 年 7 月号)より，みずほ総合研究所作成

ある．同指数はおおむね年齢の上昇とともに低下しており，年齢とともに格差が広がる傾向がみられる．属性の違いを調整した後にも，雇用形態間の賃金格差は一定程度残っている．

雇用形態による相対的貧困率の差

　正社員と非正社員の賃金格差は，雇用形態による貧困率の差につながっている．**図表 7-4** は，厚生労働省「国民生活基礎調査」のデータに基づいて世帯主の雇用形態別に「経済的困難度が高いと懸念される世帯」の割合を推計した結果を示している．

　「国民生活基礎調査」では標準 4 人世帯の税込収入の中央値が示されている．ここでは，この中央値から世帯規模を考慮した 1 人あたり税込収入の中央値を求め，その半分の水準を「経済的困難ライン」と定義した．さらに，世帯主の雇用形態ごとの世帯平均人員をもとに，それぞれの雇用形態の世帯の経済的困難ラインを求め，このライン未満の世帯割合を計算した．

　本図表からは常用雇用世帯と比べて，有期雇用世帯(1 カ月以上 1 年未満の有期雇用の世帯)，日々雇用世帯(日々又は 1 カ月未満の有期雇用の世帯)では，経済的困

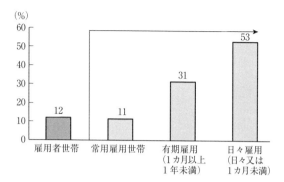

図表7-4 世帯主の雇用形態別・経済的困難度が高いと懸念される世帯割合
(注) ここでの「経済的困難度が高いと懸念される世帯割合」は,以下の手順で推計した.なおデータは2014年の所得状況.
① 標準4人世帯の税込収入(税・社会保険料込み雇用者所得,財産所得,社会保険給付,仕送り,企業・個人年金等の合計)の中央値より等価税込収入(世帯規模を考慮した1人あたり税込収入)を算出.
② ①の半分を「経済的困難ライン」と定義し,世帯業態別の平均世帯人員より世帯業態別の同ラインを推計.
③ 世帯業態別・所得金額階級別世帯数の分布より経済的困難ライン未満の世帯割合を算出.
(資料) 厚生労働省「国民生活基礎調査(2015年)」より,みずほ総合研究所作成

難度が高いと懸念される世帯の割合が高いことが読み取れる.雇用者世帯のうち有期雇用世帯は8%,日々雇用世帯は1%と少数であるものの,こうした世帯では貧困のリスクが集中している.なお,常用雇用世帯でも11%が経済的困難度が高いと懸念される世帯に該当しており,全体として見れば有期雇用世帯や日々雇用世帯より安定していても,その1割程度を所得が低く経済的な基盤が弱い世帯が占めている状況についても注意が必要だろう.

各種制度の適用における格差

以上は,正社員と非正社員の格差を主に賃金や所得の面からみたものである.しかし,格差は賃金や所得だけでなく社会保険や退職金・賞与支給等の制度の適用という面でも存在している.

図表7-5は,各種制度の適用について「あり」と回答した人の割合を正社員と正社員以外で比較したものだ.これによると,雇用保険制度の適用「あり」は正社員で93%に対し,正社員以外では68%にとどまっている.また,健康

図表 7-5　各種制度の適用状況

	現在の会社における各種制度等の適用状況(%)						
	雇用保険	健康保険	厚生年金	退職金制度	賞与支給制度	福利厚生施設等の利用	自己啓発援助制度
正社員	93	99	99	81	86	54	37
正社員以外	68	55	52	10	31	24	10

(注)　各制度について適用「あり」と回答した人の割合(%)．正社員は雇用期間の定めがない雇用者のうち出向者等を除いた人．正社員以外は正社員を除いた人．
(資料)　厚生労働省「就業形態の多様化に関する総合実態調査(2014年)」より，みずほ総合研究所作成

保険・厚生年金制度の適用「あり」は正社員でそれぞれ99%に対し，非正社員は55%，52%である．このほか退職金制度や賞与支給制度，福利厚生施設等の利用，自己啓発援助制度でも正社員と正社員以外では「あり」の人の割合に大きな差が存在する．

正社員と非正社員の間では，能力開発の機会にも格差がある．厚生労働省「能力開発基本調査(2015年度)」によれば，正社員に対して計画的なOJT(オンザジョブトレーニング：日常業務を通じて行われる教育訓練のうち，計画書等に基づいて行われる計画的なもの)を行った事業所は59%，Off-JT(業務命令に基づき，日常業務を離れて受ける座学等の教育訓練)を行った事業所は72%であった．これに対し，正社員以外に対して計画的なOJTを行った事業所は30%，Off-JTを行った事業所は37%であった．

なぜ正社員と非正社員の賃金格差は大きいのか

正社員と非正社員の賃金に大きな格差が存在する背景には，両者の間で賃金決定の仕組みが大きく異なっていることがある．正社員の賃金制度は企業によって異なるが，基本給は年齢・勤続給，職能給，役割給，職務給，成果給など複数の項目のうちいずれか又は複数を組み合わせて決定されることが多い．

なかでも多くの企業が導入する職能給は，職能資格の査定に基づいて社員を格付けし，その格付けに基づいて賃金が決定される仕組みである．ただし，勤続年数に応じて職能資格が高まる運用をしているケースもあり，少なくとも一定の年齢までは正社員の賃金が年齢とともに上昇する構造を作り出している場

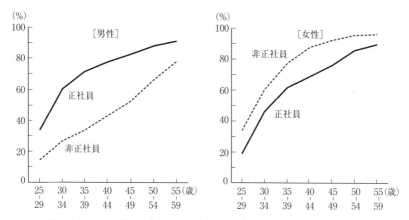

図表 7-6 雇用形態別・年齢階級別男女の既婚率
（資料）総務省「就業構造基本調査(2012年)」より，みずほ総合研究所作成

合が多い．

これに対し，非正社員の賃金はある特定の仕事に対して決定される場合が多く，労働者の年齢や経験年数，職務遂行能力が考慮される部分はあったとしても小さい．この結果，非正社員の賃金は仕事そのものが変わらない限り，大幅な上昇は見込みづらいものとなっている．

このように正社員と非正社員では賃金を決める基準が異なっていることが多く，これが両者の賃金格差の背景となっている．

ただし，近年は法律で正社員と非正社員の間の処遇の均衡に関わるルールが整備されつつある．さらに安倍政権は女性や若者の働く選択肢を増やすために，同じ仕事に就く場合は同じ賃金を支払うという同一労働同一賃金の実現や最低賃金の着実な引き上げを通じて非正社員の待遇改善を行う方針を明確にしている．これらの点については，テーマ21で改めて述べる．

結婚しにくい若者の増加

これまで見てきたような正社員と非正社員の様々な格差は，結婚して家族を持つ可能性の格差にも波及している．

図表 7-6 は雇用形態別に男性及び女性の既婚率を見たものだ．まず男性の場合，正社員と比較して非正社員の既婚率は一貫して低く，特に子育ての中心と

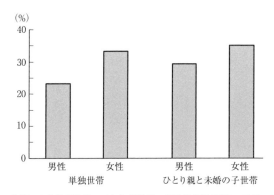

図表7-7 性別にみた単独世帯・ひとり親世帯の相対的貧困率(20〜64歳, 2012年)
(資料) 阿部彩(2015)「貧困率の長期的動向:国民生活基礎調査 1985〜2012 を用いて」貧困統計ホームページより, みずほ総合研究所が抜粋して作成

なる 30〜40 歳代で既婚率の差が大きい. 日本では「男性が家族を養うべき」という意識が根強く残る現状もあり, 相対的に賃金が低い非正社員男性が結婚しにくい状況が生じていると推察される.

一方女性では, 一貫して正社員よりも非正社員で既婚率が高い. 女性の場合, 正社員として働いている人も含めて出産前後に離職し, その後にパート等の形で就業を再開するケースが未だに少なくない(テーマ8). その結果, 正社員よりも非正社員で一貫して既婚率が高い状況が生じていると考えられる.

みえにくい女性の貧困

働く世代の貧困問題がメディア等で取り上げられる場合, フリーター等として働く男性が象徴的な存在として紹介されることが多く, その裏返しとして働く女性の貧困については十分に注目が集まってこなかった. しかし, データからは, 女性においても貧困が深刻な形で広がっている状況が見て取れる.

これに関し**図表7-7**は, 首都大学東京の阿部彩教授の分析に基づいて, 単独世帯やひとり親世帯の相対的貧困率を男女別に見ている. これによると, 2012年における相対的貧困率は男性単独世帯で 23.2% であったが, 女性では 33.3% であった. さらに, ひとり親と未婚の子のみ世帯における相対的貧困率は男性で 29.4% であるのに対し, 女性は 35.1% であった.

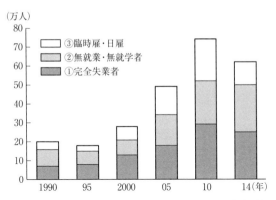

図表 7-8　基礎的生活条件を親に依存している可能性のある壮年未婚者
(注)　基礎的生活条件を親に依存している可能性のある壮年未婚者(35～44歳)は，親と同居の壮年未婚者のうち，①完全失業者，②無就業・無就学者，③臨時雇(1 カ月以上 1 年以内の期間を定めて雇われている者)・日雇(日々又は 1 カ月未満の契約で雇われている者)を指す．
(資料)　西文彦(2016)「親と同居の壮年未婚者の最近の状況」第 68 回日本人口学会大会(2016 年度)より，みずほ総合研究所作成

　なお，現在配偶者がいない男女の場合，将来安定した所得のある配偶者を得て貧困から脱する可能性も考えられる．しかし，非正規化や未婚化が進行する状況により，結婚によって貧困から脱出するという選択肢も狭まっている．実際，国立社会保障・人口問題研究所「日本の世帯数の将来推計(全国推計)(2013 年 1 月推計)」によれば，生涯未婚率(50 歳時点で 1 度も結婚したことがない人の割合)は 2030 年に男性で 29%，女性で 23% に上ると予想されている．これは男性で約 3 人に 1 人，女性で約 4 人に 1 人が生涯未婚となると見込まれていることを意味する．

顕在化していない貧困リスクの存在

　このほか，現在は親と同居する未婚の男女の中に，将来貧困リスクが顕在化する可能性のある人が含まれている．総務省統計研修所の西文彦研究官の分析によれば，親と同居する 35～44 歳の壮年未婚者は 2014 年時点で 308 万人おり，このうち基礎的生活条件を親に依存している可能性のある人は 62 万人(完全失業者は 25 万人，無就業・無就学者は 25 万人，臨時雇・日雇雇用者は 12 万人)に上る

という(図表7-8).

　なお,2010年と比較すると2014年には完全失業者及び臨時雇・日雇雇用者が減少している.しかし,親との同居によって経済的リスクを回避している可能性がある人を,これらの就業状態の人の合計とみなせばその数は2014年に37万人であり,1990年代と比べて依然多数に上る.

低所得の現役世代への支援拡充は急務

　本節で見てきたように,バブル経済崩壊後に非正社員として働く人が急増し,その中には正社員の仕事がないために不本意に非正社員として働く人が少なからず含まれている.非正社員と正社員の間には賃金面での格差だけでなく,社会保険や退職金・賞与支給等の制度の適用,職業能力開発の機会の面でも大きな差がある.こうした結果,非正社員の男性は正社員の男性と比べて既婚率が低く,非正社員という働き方の広がりが未婚化・少子化の一因にもなっている.

　このように正社員と非正社員の格差は,社会の持続可能性を脅かす問題となっている.現役世代の格差・貧困問題の克服に向け,非正社員の待遇改善や正社員への移行支援,職業能力開発支援などの幅広い方面から支援を強化する必要がある.

8

雇用における男女の格差

> **POINT**
> - 働く女性は増加しているものの，就業率，雇用者に占める正社員の割合，正社員の勤続年数や平均年収等のいずれの指標で見ても，男女の雇用格差は大きく残されている．
> - 男女の雇用格差の背景には，仕事と育児の両立の難しさ等から出産前後に離職する女性が少なくないほか，育児がひと段落した女性が正社員として再就職することも困難な状況等がある．
> - また，男女で異なる業務配分や配属が行われる結果，女性で技能や経験の蓄積が遅れやすい構造，管理職の長時間労働により女性が管理職を希望しにくい問題等により，女性のキャリア形成も妨げられている．

増えてきた女性雇用者

　少子高齢化の進展により，今後日本では，経済の主な担い手である15～64歳の人口が急減する．仮に性別・年齢別にみた就業率(該当する人口のうち就業者が占める割合)が2010年以降変わらない場合，就業者の数は2010年の6,298万人から2035年には5,173万人まで急減する計算となる．

　こうしたなか，経済や社会の担い手として女性への注目が高まっている．これまでわが国では，女性が社会で活躍する機会が十分に確保されてこなかった．その裏返しとして，今後女性が就業を拡大する余地は大きく残されている．人手不足への対応や女性消費者のニーズを効果的に掘り起こす人材の育成という観点から，企業の女性活躍に向けた機運も高まっている．

　こうした経済全体の動向や企業の姿勢の変化に加えて，女性が活躍しやすいサービス業が拡大してきたこと，バブル経済崩壊後に世帯主男性の賃金が低迷

図表 8-1 依然大きな男女の雇用格差

		男性	女性
就業率(就業者/人口)	25～64 歳	90%	69%
雇用者(役員を除く)に占める正社員の割合	25～64 歳	85%	45%
正社員男女の平均勤続年数	企業規模計	14.0 年	10.2 年
正社員男女(40～44 歳)の平均年収	企業規模計	614 万円	451 万円
課長以上の管理職(役員含む)に占める男女比率	常用雇用者30 人以上企業	92%	8%

(注) 就業率, 雇用者(役員を除く)に占める正社員の割合, 正社員男女の平均勤続年数, 正社員男女の平均年収は 2015 年. 管理職に占める男女比率は 2015 年度. 正社員男女の平均年収は賃金データに基づく推計.
(資料) 総務省「労働力調査(2015 年)」, 厚生労働省「賃金構造基本統計調査(2015 年)」, 同「雇用均等基本調査(2015 年度)」より, みずほ総合研究所作成

してきたことも, 女性の就業を促す要因となってきた.

実際, 女性雇用者は急速に増加している. 男性雇用者の数は 1997 年の 3,264 万人から 2015 年の 3,166 万人へ 100 万人減少したが, 女性雇用者の数は 1997 年の 2,084 万人から 2015 年の 2,474 万人へ 400 万人近く増加した.

依然大きな男女の雇用格差

しかし現時点では, 男女の雇用格差は極めて大きい(**図表 8-1**). 25～64 歳人口のうち就業者の割合(就業率)をみると, 男性の 90% に対し女性は 69% と, 20% ポイント以上の差が存在する. このほか, 25～64 歳の雇用者(役員を除く)のうち正社員の割合をみると, 男性の 85% に対し女性は 45% と, 40% ポイントの差がある. このように, 性別によって働く人の割合だけでなく, 働き方の中身にも大きな差がある.

さらに同じ正社員として働く男女の間にも格差が存在する. 正社員の平均勤続年数は, 男性の 14.0 年に対して女性は 10.2 年にとどまる. さらに, 40～44 歳の正社員の平均年収を比べると, 男性の 614 万円に対して女性は 451 万円である. 課長以上の管理職(役員を含む)の性別内訳を見ると, 男性が 92% を占め, 女性は 8% に過ぎない.

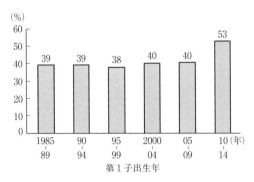

図表 8-2　第 1 子出産時期別・出産前後の女性の就業継続率
(注)　対象は第 1 子が 1 歳以上 15 歳未満の初婚同士の夫婦．妊娠前に就業していた女性のうち第 1 子出産後も就業を継続した人の割合(％)．
(資料)　国立社会保障・人口問題研究所「第 15 回出生動向基本調査(2015 年)」より，みずほ総合研究所作成

なぜ女性の就業率は低いのか

　女性の就業率が低い要因の 1 つが，第 1 子の出産前後で離職する女性が少なくないことである．国立社会保障・人口問題研究所「第 15 回出生動向基本調査(2015 年)」によれば，女性の就業継続率(妊娠前に就業していた女性のうち第 1 子出産後も就業を継続した人の割合)は，1985～89 年に第 1 子を出産した女性で 39％ であり，その後も 4 割程度で推移してきたが，2010～2014 年にようやく 5 割を超えた(53％)(図表 8-2)．このように未だに働く女性の半数近くが離職している事実は，女性が出産後に仕事を続けることの難しさを物語っている．

　出産前後で女性が離職する理由の 1 つが，仕事と育児の両立の難しさと言える．厚生労働省「両立支援に係る諸問題に関する総合的調査研究(2008 年度)」では，妊娠・出産前後に離職した正社員女性に退職した 1 番の理由を尋ねている．この質問への回答のうち，最も多数を占めたのは「家事，育児に専念するため，自発的にやめた」(39％)であったが，「仕事を続けたかったが，仕事と育児の両立の難しさでやめた」(26％)，「解雇された，退職勧奨された」(9％)など，不本意な理由で辞めている人も 3 人に 1 人を占めた(図表 8-3)．さらに，「仕事を続けたかったが，仕事と育児の両立の難しさでやめた」と回答した人にその具体的な理由を尋ねた結果(複数回答)によると，「勤務時間が合いそうもなかっ

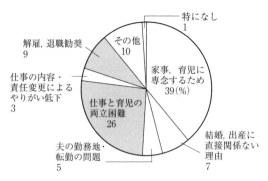

図表 8-3 出産前後で女性が離職した理由(正社員女性)
(注) 妊娠・出産前後に退職した経験のある正社員女性に退職した1番の理由を尋ねた結果.
(資料) 厚生労働省「両立支援に係る諸問題に関する総合的調査研究(2008年度)」

た」(65%),「職場に両立支援の雰囲気がなかった」(50%),「自分の体力がもたなそうだった(もたなかった)」(46%)などの理由が多かった.

同じ調査によれば,妊娠・出産前後に離職した非正社員女性の場合,「仕事を続けたかったが,仕事と育児の両立の難しさでやめた」(16%)と回答した割合は正社員女性よりも低かった.しかし,このように回答した人にその具体的な理由を尋ねた結果によると,「育児休業を取れそうもなかった(取れなかった)」という理由を挙げた人の割合は正社員女性よりも多い(正社員女性25%,非正社員女性36%).

2005年4月に施行された改正育児・介護休業法により,一定の要件を満たす有期労働者は育児休業の取得が可能になっている.しかし,制度の分かり難さに加え,労働者や職場の理解が遅れてきたことが,非正社員女性が出産前後で離職する一因となっているとみられる.

なぜ女性の非正社員比率は高いのか

女性で非正社員比率が高い背景の1つとして,出産前後で離職した女性がその後に正社員として再就職することが難しいことがある.その理由の1つが,企業が採用の際,子どもの病気等で突然休む可能性のある子育て期の女性を敬遠する場合があることだ.

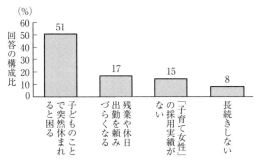

図表 8-4 子育て女性の採用が難しい理由(企業アンケート)
(注) 子育て女性とは,小学校までの子どもを育てる女性.分母は子育て女性の採用に積極的ではない企業(子育て女性の採用は「難しい」又は「どちらともいえない」と回答した企業,回答企業の47%).
(資料) 神奈川県立かながわ女性センター「正社員をめざす子育て女性の再就職に関する実態調査(2009年)」より,みずほ総合研究所作成

実際,神奈川県「正社員をめざす子育て女性の再就職に関する実態調査(2009年)」によれば,過去3年間に企業が採用した女性のうち子育て女性(小学校までの子どもを育てる女性)の割合は5%にとどまった.また,子育て女性の採用に積極的でない企業(回答企業の47%)にその理由を尋ねたところ,51%が「子どものことで突然休まれると困る」,17%が「残業や休日出勤を頼みづらくなる」ことを挙げた(**図表8-4**).

女性側にも子育てのために正社員を希望しづらい状況がある.やや古い調査であるが,21世紀職業財団「多様な就業形態のあり方に関する調査(2001年)」によれば,パートタイム労働者として働く30～50歳代の女性の多くが「自ら進んで非正社員になった」と回答した.しかし,「自ら進んで非正社員になった」と回答した人のうち30～34歳,35～39歳,40～44歳では約5割,45～49歳で約3割が「育児・家事・介護がなかったら正社員を希望した」と回答した.このように,自分の意思で非正社員を選んでいるように見える女性の中にも,時間的制約がなければ正社員として働きたい人が少なからず含まれている.

こうした状況に加えて,1990年代以降に女性の正社員としての雇用機会が大きく縮小したことがある.総務省「就業構造基本調査(2012年)」によれば,初職が非正社員だった人の割合(学校卒業後に初めて就いた仕事が雇用者の人のうち,その雇用形態が非正社員の人の割合)は,1987年10月～1992年9月に初職に就い

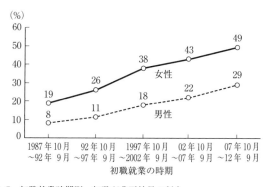

図表 8-5 初職就業時期別・初職が非正社員の割合
(注) 初職就業時に雇用者(役員を除く)だった人のうち初職が非正社員の割合.
(資料) 総務省「就業構造基本調査(2012年)」より, みずほ総合研究所作成

た女性で19%であったが, 2007年10月～2012年9月に初職に就いた女性では49%へ上昇している. 男性についても, 同じ期間に初職が非正社員の割合は8%から29%へ上昇しているが, 女性と比べるとその上昇テンポは緩やかである(図表8-5). バブル経済崩壊後の経済情勢の大幅な悪化を受けて, 企業は正社員の採用を絞り込んだが, データはその影響が特に女性で大きなものとなった様子を示している.

なぜ正社員男女の賃金に格差があるのか

正社員として働く男女の賃金格差は何によって生じているだろうか. 内閣府「男女共同参画白書(2016年)」によれば, 男性正社員の所定内給与を100とした場合の女性正社員の給与水準は緩やかに上昇しているものの, 2015年時点で74と, 男性と3割近い差が残っている(図表8-6).

このような賃金格差に関連して, 厚生労働省の研究会の報告書(「変化する賃金・雇用制度の下における男女間賃金格差に関する研究会報告書(2010年)」)は, 何が男女の賃金格差をもたらしているかを分析している. これによると, 男女の賃金格差をもたらしている主な要因は, 役職(部長級, 課長級, 係長級など)や勤続年数の違いであるという. 本節の冒頭で見た女性管理職の少なさ, 出産前後の離職などによる女性の勤続年数の短さが, 男女間の賃金格差の大きな要因になっていると言えそうである.

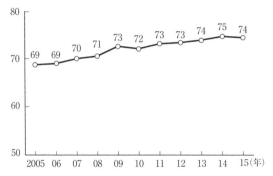

図表 8-6 正社員男性を 100 とした場合の正社員女性の賃金
(注) 10 人以上の常用労働者を雇用する民営企業の値．給与水準は各年 6 月の所定内給与に基づく．正社員は短時間労働者を除く．
(資料) 内閣府「男女共同参画白書(2016 年)」より，みずほ総合研究所作成

　それでは男女の役職の差はどれほど大きいのだろうか．**図表 8-7** は主要国の就業者及び管理職に占める女性の割合(女性管理職比率)を見たものだ．これによると，日本の就業者に占める女性の割合は 43％ であり，他の先進国が 4 割台後半であるのと比較して大きな違いはない．一方，管理職に占める女性の割合を見ると，米国(44％)，英国(35％)，ドイツ(29％)，フランス(33％)，スウェーデン(37％)と比較して，日本は 11％ と明確に低い状況にある．
　このように，就業者・管理職に占める女性割合の国際比較からは，日本で働く女性が少ない結果として女性管理職が少ないのではなく，働いてもキャリア形成の機会が限定されているために女性管理職が少ない，という構図が見えてくる．

なぜ日本で女性管理職が少ないのか

　日本で女性のキャリア形成機会が限定されてきた背景の 1 つとして，昇進可能性のある職種の採用で，企業が女性を男性よりも厳しく選抜してきたことが挙げられる．厚生労働省「コース別雇用管理制度の実施・指導状況(2014 年度)」によれば，コース別雇用管理制度のある企業の総合職採用倍率(2012 年 4 月応募者)は男性で 34 倍，女性で 71 倍であった．ただし，採用倍率の男女差は 2014 年 4 月応募者では男性で 30 倍，女性で 43 倍となっており，採用倍率の

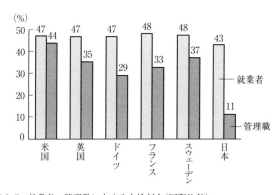

図表 8-7 就業者・管理職に占める女性割合（国際比較）
(注) 管理職とは立法議員，上級行政官，管理的職業従事者．
(資料) 労働政策研究・研修機構「データブック国際労働比較 2016」より，
みずほ総合研究所作成

格差は急速に縮小している．このため，今後は採用面での男女の機会の格差は解消に向かう可能性がある．

このほか，女性は出産で辞める確率が高いという認識や女性への過剰な配慮から，男女で異なる業務配分や配置転換がなされ，女性で管理職昇進に必要な知識や経験の獲得が遅れてきた問題がある．これに関して法政大学の武石恵美子教授が行った 2015 年の研究では，「高い目標や課題を与える」「成長・活躍を後押しする」といった上司による部下の能力伸長に関わる管理の実施において，部下が男性の場合と女性の場合で差が存在することが明らかにされている．

管理職の長時間労働によって，女性が管理職を希望しにくい問題もある．労働政策研究・研修機構の「男女正社員のキャリアと両立支援に関する調査 (2013 年)」では，常用労働者 300 人以上の企業で働く主任・係長までの総合職女性のうち「課長相当職以上の昇進希望がない」と回答した人にその理由を複数回答で尋ねている．これによると，実に半数近く (46%) が「仕事と家庭の両立が困難になる」ことを理由に挙げており，「責任が重くなる」(28%)，「周りに女性の管理職がいない」(26%) などの他の理由を引き離した (**図表 8-8**)．

日本の管理職は組織の運営や部下の育成といったマネジメント業務以外に，自分自身がプレイヤーとしての業務を担う傾向が強く，これが管理職の長時間労働の一因となっている．

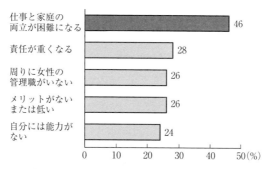

図表 8-8　総合職女性が管理職を希望しない理由
(注)　「常用労働者300人以上の企業で働く主任・係長までの一般従業員かつ総合職の女性」のうち課長相当職以上の昇進希望がないと回答した人にその理由を複数回答で尋ねた結果．回答割合が高い順に5位までを掲載．
(資料)　労働政策研究・研修機構「男女正社員のキャリアと両立支援に関する調査(2013年)」より，みずほ総合研究所作成

　労働政策研究・研修機構の小倉一哉主任研究員の分析によれば，月の実労働時間が201時間以上(月就業日数が20日の場合は1日10時間以上働く計算)の労働者の割合は役職が上がるほど高まり，課長クラスで54％，部長クラスで58％に上る(図表8-9)．仕事中心の生活を求められる管理職の働き方が，女性が管理職を希望することを阻み，さらには管理職が部下の希望や必要に応じたきめ細かな業務配分や育成を行うことを困難にしていると考えられる．

男女の雇用格差は解消できるか

　安倍政権は2012年12月に発足以降，成長戦略の柱の1つに「女性の活躍」を位置づけてきた．2016年4月には，常時雇用する労働者が301人以上の企業に，女性活躍の推進に関わる数値目標を含む行動計画を策定・公表すること，自社の女性活躍に関わる情報を公表することを義務付ける(300人以下の企業は努力義務)女性活躍推進法も施行され，女性管理職の育成に取り組んだり，数値目標を掲げる企業も増えている．社会における女性の活躍に向けた機運は大きく高まっている．

　一方で，これまで見てきたように，働く女性は増えても，女性のキャリア形成が困難な状況は残されており，その背景には育児と両立しにくい正社員の働き方，女性は出産で仕事を辞めるという意識や過剰な配慮から男女で異なる業

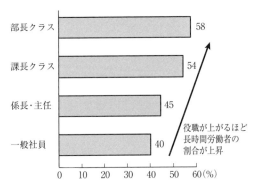

図表 8-9　役職別・月労働時間が 201 時間以上の労働者の割合
(注)　2008 年 7 月の残業等(所定外労働,自宅での労働)を含めた実際の労働時間.
(資料)　小倉一哉(2009)「管理職の労働時間と業務量の多さ」労働政策研究・研修機構『日本労働研究雑誌』(No. 592)より,みずほ総合研究所作成

務配分や配置転換が行われる問題,管理職の長時間労働などの様々な要因が存在している.

　女性が男性と同様にキャリア形成をできる社会を作り,これを通じて男女の雇用格差をなくしていくためには,男女でフェアな業務配分や育成機会の付与が行われることや,家族のケアと両立しやすい柔軟で効率的な働き方が実現されること,管理職自身のワークライフバランスが推進されることが必要である.行政もまた,そうした企業の取組みを後押しすることや,保育所の拡充,再就職を目指す女性への支援の強化を通じて,男女の雇用格差のない社会を実現していくことが求められよう.

9

年金の格差

> **POINT**
> - 現在の高齢者の年金額を男女別にみると，女性の低年金者が多い．これは，女性は厚生年金の受給者が少ないことや，厚生年金を受給していても平均的には賃金水準が低く加入期間が短いこと等による．
> - 働き方別の年金額をみると，短時間労働者等は月額10万円未満と低年金である．高齢期の平均支出額以上の年金を受給できるのは大卒正社員など一部世帯に限られる．
> - 企業年金のある企業は全体の4分の1程度であり，加入者数も厚生年金加入者の4割程度にとどまる．企業規模別には大企業ほど企業年金を実施している企業割合が高い．

日本の公的年金制度

わが国の公的年金は，日本国内に住所のある20歳以上60歳未満の全ての人が加入する国民年金と，会社員や公務員等が国民年金に上乗せして加入する厚生年金保険(以下，厚生年金)がある．なお，2015年10月1日から「被用者年金一元化法」によりこれまで厚生年金(民間会社員)と3つの共済年金(公務員等)に分かれていた年金制度が厚生年金に統一された．

国民年金に加入すると，将来，基礎年金を受給することができ，厚生年金に加入すると，将来，厚生年金を受給することができる．なお，厚生年金に加入している会社員や公務員等は，国民年金にも加入するため，将来は，基礎年金と厚生年金の両方を受給することができる．

基礎年金，厚生年金とも，高齢期に受給する老齢年金のほか，一定の障害の状態にある期間は障害年金が支給される．また，死亡した場合に一定の遺族が

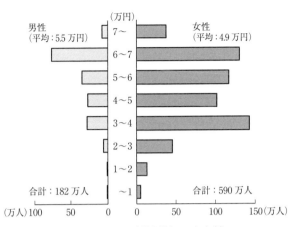

図表 9-1　国民年金の年金月額別の受給者数(2014 年度末)
(注)　年金月額は，万円以上〜万円未満．国民年金のみに加入していた受給権者数(旧法の国民年金を含む)．
(資料)　厚生労働省「厚生年金保険・国民年金事業の概況(2014 年度)」より，みずほ総合研究所作成

いる場合には遺族に遺族年金が支給される．以下，本節では，老齢年金の格差についてみていくこととする．

国民年金の受給状況

2014 年度末時点の国民年金の受給者数は，男性 1,316 万人，女性 1,691 万人で計 3,007 万人である．このうち，国民年金のみに加入していた受給者数は，男性 182 万人(国民年金の受給者のうち 13.8％)，女性 590 万人(同 34.9％)，計 772 万人(同 25.7％)であり，女性は厚生年金や共済年金の受給権がなく，基礎年金のみの受給者が多い．これは，現在の受給者世代が現役時代だったときは女性の雇用者比率が低かったことや，雇用者の期間があり，厚生年金に加入していても，短期間で離職するときには厚生年金の脱退手当金を選択することができたことなどの影響による．なお，厚生年金の脱退手当金を受給した場合には，その期間については厚生年金の加入者であった期間とはみなされない．

国民年金のみに加入していた受給者の年金月額の平均は，男性が 5.5 万円，女性が 4.9 万円となっている．年金月額別にみると，男性は 6 万円以上 7 万円未満の受給者が多いが，女性は 3 万円以上 7 万円未満と広い範囲で受給者が多

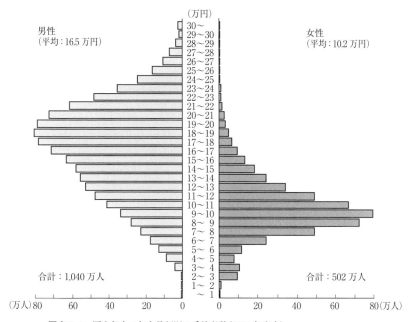

図表 9-2 厚生年金の年金月額別の受給者数(2014年度末)
(注) 年金月額は，万円以上～万円未満．
(資料) 厚生労働省「厚生年金保険・国民年金事業の概況(2014年度)」より，みずほ総合研究所作成

い(図表 9-1)．

厚生年金の受給状況

2014年度末時点の厚生年金の受給者数は，男性1,040万人，女性502万人，計1,542万人である．前述の理由により，現在の受給者世代については女性の厚生年金受給者が少なく，男性の半数程度にとどまっている．厚生年金受給者の年金月額(基礎年金を含む)の平均は，男性が16.5万円，女性が10.2万円である．年金月額別にみると，男性は20万円前後の受給者数が多いが，女性は10万円前後の受給者数が多い(図表9-2)．これは，女性は男性と比較して厚生年金の加入期間が短い人が多いことや，賃金水準が低い人が多いためである．

なお，現在は厚生年金を脱退するときの脱退手当金が廃止されているうえ，女性の平均勤続年数が伸びていることなどから，将来世代については厚生年金

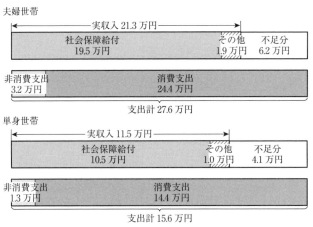

図表9-3 高齢無職世帯の平均支出額と収入(2015年)
(注) 夫婦世帯は夫65歳以上,妻60歳以上の夫婦のみ世帯.単身世帯は60歳以上.月額.四捨五入の関係で,合計額が一致しないことがある.
(資料) 総務省「家計調査(2015年)」より,みずほ総合研究所作成

を受給する女性の割合は上昇するとともに,厚生年金の年金月額の水準が上がることが期待される.

高齢無職世帯の平均支出額

次に,高齢者世帯の平均支出額と収入を比較する.近年は65歳以降の労働力率が徐々に上昇しており,公的年金以外の収入の割合が上がっているものの,2015年時点の65歳以上の労働力率は2割程度であることから,ここでは高齢者世帯のうち無職世帯を取り上げる.

まず,高齢無職世帯のうち,夫婦世帯(夫65歳以上,妻60歳以上の夫婦のみの世帯)についてみると,2015年の消費支出は24.4万円(月額,以下同じ),税・社会保険料等の非消費支出が3.2万円であり,合計27.6万円である(**図表9-3**).年金をはじめとする収入は21.3万円であり,支出計に対して6.2万円不足している.一方,単身世帯(60歳以上)は,消費支出が14.4万円,非消費支出が1.3万円で,合計15.6万円であるのに対して,収入が11.5万円にとどまっており,支出計に対して4.1万円不足している.

働き方別の年金額

年金額は，現役時代の働き方により異なる．そこで，以下では，学歴別，男女別，働き方別の年金額を算出し，高齢無職単身世帯の平均支出額と比較する．

まず，大学卒の年金額を算出する．ここでは，2015年の学歴別・男女別・年齢階級別・勤続年数別賃金から2015年度価格の年金額を算出した．大学卒業後，正社員として就職した企業で60歳になるまで平均的な賃金水準で勤務した場合の年金額は，男性18.1万円，女性16.3万円であり，いずれも高齢無職単身世帯の平均支出額15.6万円を上回る年金額を確保することができる．また，正社員について企業規模別の平均賃金から年金額を算出すると，企業規模が大きいほど賃金水準が高いため年金額も高くなり，企業規模が小さいほど年金額が下がる．企業規模10〜99人の企業に勤めた場合の年金額は男性15.3万円，女性14.6万円と，平均支出額を若干下回る水準に低下する（図表9-4 上）．

大学卒業後，フルタイム労働者（一般労働者）だが正社員以外の働き方で60歳になるまで働き続けた場合の年金額は，男性は14.9万円，女性は13.5万円となり，平均支出額15.6万円を下回る．また，短時間労働者として働く場合には，週30時間労働であれば厚生年金に加入するが，年金額は男女とも9万円台にとどまる．2016年10月以降は一定の要件を満たすと週20時間労働でも厚生年金に加入するが，年金額は男女とも8万円台となる．厚生年金に加入しなかった場合には，基礎年金のみの受給となり，満額でも6.5万円になる（図表9-4 上）．

続いて，高校卒の年金額をみると，厚生年金の加入期間は大学卒より長くなるが，平均賃金が大学卒より低いため，正社員であっても年金額は平均支出額15.6万円を下回ることが多い．企業規模1,000人以上の企業の男性の年金額は16.9万円と平均支出額を確保できるが，女性や企業規模999人以下の企業の男性の年金額は平均支出額を下回る．一般労働者で正社員以外の働き方だった場合の年金額は10万円台は確保できるものの，男性12.7万円，女性11.3万円まで低下する．短時間労働者については，学歴別の賃金差がほとんどないため，週労働時間が同じであれば勤続年数が長い高校卒の方が年金額が高くなるが，それでも年金額は10万円を下回る（図表9-4 下）．

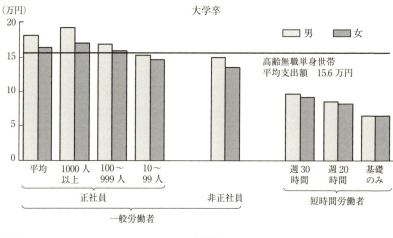

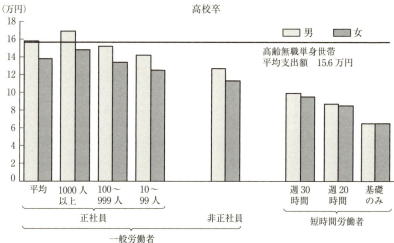

図表 9-4 働き方別の年金額(月額, 2015 年度価格)
(注) 1. 大学卒は 20 歳から 23 歳になるまで国民年金保険料納付, 23 歳で就職し 60 歳で退職するまで同一企業で同一雇用形態で就業し, 65 歳から受給した場合の年金額.
2. 高校卒は 19 歳で就職し 60 歳で退職するまで同一企業で同一雇用形態で就業した場合の年金額.
3. 一般労働者(短時間労働者以外)は, 学歴別・男女別・年齢階級別・勤続年数別賃金から算出.
4. 短時間労働者は, 男女別・年齢階級別・勤続年数別賃金から算出.
5. 基礎のみは老齢基礎年金のみ. その他は, 老齢厚生年金と老齢基礎年金の合計.
(資料) 厚生労働省「賃金構造基本統計調査(2015 年)」等より, みずほ総合研究所作成

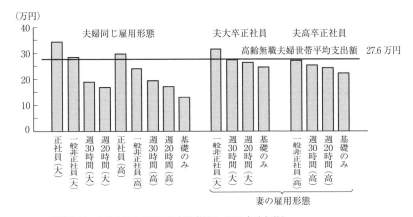

図表 9-5 夫婦の働き方別の年金額(月額, 2015 年度価格)
(注) 年金額の算出は図表 9-4 と同じ. (大)は大学卒, (高)は高校卒.
(資料) 厚生労働省「賃金構造基本統計調査(2015 年)」等より, みずほ総合研究所作成

これらの年金額はいずれも学卒後 60 歳になるまで同じ働き方を続けた場合の額を算出しているが, 厚生労働省「賃金構造基本統計調査(2015 年)」によると平均勤続年数は正社員が 12.9 年, 正社員以外が 7.9 年となっており, 実際には同一企業で 60 歳まで働き続ける人ばかりではない. 特に, 正社員以外で就業している場合には雇用期間が定められていることが多く, 契約が更新されない場合に次の就職まで無職の期間が生じる可能性もある. 無職期間の年金は国民年金のみとなるため, その期間に応じた将来の年金は基礎年金のみとなる.

夫婦の働き方別の年金額

続いて, 夫婦世帯の年金額と平均支出額を比較する. 年金額は, 夫婦の働き方の組み合わせにより多くのパターンがあり得るが, ここでは, 夫婦が同じ働き方だった場合と, 夫が正社員だった場合の妻の働き方別の年金額を算出した.

まず, 夫婦が同じ働き方だった場合の世帯の年金額は, 夫婦とも大卒正社員であれば 34.4 万円と夫婦世帯の平均支出額 27.6 万円を 6.8 万円上回る. また, 夫婦とも大卒一般労働者で非正社員の場合は 28.4 万円, 夫婦とも高卒正社員の場合は 29.6 万円と平均支出額を上回る年金水準を確保できる(図表 9-5).

夫が大卒正社員の場合は, 妻が一般労働者であれば正社員でなくても世帯年

金額は 31.6 万円と平均支出額を 4.0 万円上回る水準の年金額を確保できる．また，短時間労働者であっても週 30 時間労働であれば，世帯の年金額はおおむね平均支出額に近い水準となる（図表 9-5）．

夫が高卒正社員の場合には，妻が正社員以外の働き方の場合には平均支出額までの年金額を確保することはできない（図表 9-5）．

年金改定ルールの見直しで世代間の年金格差縮小へ

公的年金は，その実質的な価値を維持するため，これから年金を受給する「新規裁定者」は賃金変動率で，年金を受給している「既裁定者」は物価変動率で毎年度年金額が改定される．また，年金制度は現役世代の負担した保険料が高齢者世代の年金原資となる世代間扶養を基本としていることから，少子高齢化に対応するために現役世代の減少率と平均余命の伸びを勘案した一定率により年金改定率を抑制する仕組み（マクロ経済スライド）が導入されている．

マクロ経済スライドは，賃金や物価がある程度上昇した場合にはそのまま適用されるが，賃金や物価の伸びが小さく制度を適用すると年金額が下がる場合には年金額の伸びがゼロになるまでにとどめられる．また，賃金や物価が下落したときは，賃金や物価の下落分のみの改定が行われ，マクロ経済スライドによる調整は行われず，年金額の抑制が進まない．そこで，2018 年度以降は賃金や物価が大きく上昇したときに前年度までの未調整分も合わせて年金額を抑制するルールに改定される．

また，2021 年度からは，現役世代の負担能力に応じた給付とするため，賃金変動が物価変動を下回ったときは既裁定者の年金改定も賃金変動に合わせて行われる．これらの改革は，高齢者世代には年金額の抑制になるが，将来世代の給付水準を確保することができるため，世代間の年金格差の縮小につながる．

企業規模により差がある企業年金の実施状況

高齢者世帯の収入のうち，公的年金の占める割合は約 7 割だが，企業年金がある企業に勤めていた場合には，企業年金も高齢期の重要な収入源となる．

厚生労働省「就労条件総合調査（2013 年）」によると，企業年金のある企業の割合は全体の 4 分の 1 程度にとどまっている．ただし，企業年金の実施状況は，

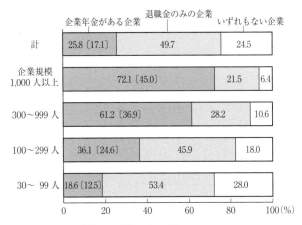

図表 9-6 企業年金・退職金の実施企業の割合
(注) 〔　〕内は企業年金と退職金の併用企業の割合.
(資料) 厚生労働省「就労条件総合調査(2013年)」より，みずほ総合研究所作成

企業規模により大きな格差があり，1,000人以上の企業では72.1％(うち退職金制度と併用して企業年金を実施している企業の割合は45.0％)，300〜999人の企業では61.2％(同36.9％)と企業年金を実施している企業の方が多いが，100〜299人の企業では36.1％(同24.6％)，30〜99人の企業では18.6％(同12.5％)にとどまっている．なお，企業年金はないが，退職金制度がある企業は全体の約半数あり，企業年金も退職金制度もない企業の割合は同4分の1となっている．退職金のみを実施する企業の割合と，企業年金も退職金もない企業の割合については，企業規模が小さいほど高い(**図表 9-6**).

企業年金の加入者は1,600万人

企業年金の加入者数は，2001年度末時点では2,000万人を超えていたが，企業年金の積立金の運用環境が低迷したことなどから2000年代前半に企業年金の見直しが進められ，2000年代半ばに1,600万人台となり，2014年度末以降は1,600万人をやや下回る水準にまで減少した(**図表 9-7**).

なお，2つ以上の企業年金に加入している場合もあることから，重複加入を除くと企業年金の加入者数の合計はさらに少ない．民間会社員の厚生年金加入者数は3,600万人程度(2014年度末)であるため，厚生年金に加入している会社

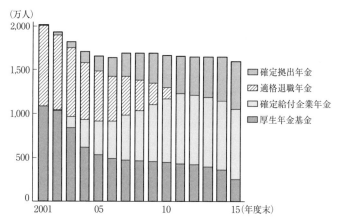

図表 9-7 企業年金の加入者数の推移
（注） 複数制度に重複して加入している場合もある．確定拠出年金には企業年金である「企業型」と，個人が任意で加入する「個人型」があるが，図表中の加入者数は「企業型」のみの加入者数である．
（資料） 厚生労働省資料より，みずほ総合研究所作成

員のうち企業年金にも加入している人の割合は4割程度とみられる．

　企業年金にはいくつか種類がある．かつては，公的年金である厚生年金の一部を代行するとともに企業独自の上乗せ給付を行う「厚生年金基金」(2014年4月以降は新設不可，財政が健全な基金を除き原則廃止予定)と，税制上の要件を満たすと一定の税制優遇措置を受けることができる「適格退職年金」(2012年3月で廃止)の2つが主流であった．両制度は，将来の給付額をあらかじめ決めておき，それに必要な掛金を拠出して運用する「確定給付型」の制度である．

　2001年から2002年にかけて新たに「確定拠出年金」と「確定給付企業年金」が創設された．「確定拠出年金」は拠出された掛金が加入者ごとに区分され，その掛金と自らの指図による運用の運用益との合計額をもとに，将来の給付額が決定される制度である．一方，「確定給付企業年金」は，受給権保護等を定めた確定給付企業年金法に基づく制度で，厚生年金基金や適格退職年金と同様の「確定給付型」の制度である．新しい2つの企業年金の加入者数は順調に増加してきたが，確定給付企業年金はこのところ伸び悩んでいる．

　なお，企業年金を実施している企業でも非正規雇用者に企業年金を適用していることはほとんどなく，正社員と正社員以外の年金格差はさらに拡大する．

10

世代間の格差

> **POINT**
> - 社会保障制度の維持に必要な負担が将来世代へ先送りされているため,将来世代と現存世代の間,および現存世代内でも高齢層と若年層の間の格差が広がっている.
> - 「世代会計」の手法を用いると,政府に対する生涯純負担の割合(生涯所得比)は,将来世代と現存世代とで約34%ポイントもの差が生じる.
> - 財政再建を実現すれば,将来世代と現存世代間の格差は大幅に改善する.ただし,増税に依存して財政再建を進めると,現存世代間の格差は拡大する.現存世代を含めた世代間格差是正のため,増税と歳出抑制策を組み合わせた財政健全化が緊要である.

将来世代に先送りされる社会保障負担

年金や医療,介護など社会保障給付の抑制案が検討されている.政府がこうした社会保障給付の抑制を進める背景には,現在の国民(現存世代)に対する給付の多くが公債発行により賄われており,実質的にみると将来の国民(将来世代)に負担が先送りされているとの問題意識がある.こうした国民負担の先送りによって,将来世代と現存世代間,および現存世代内でも高齢層と若年層という2つの格差が生じていると言われている.そこで,世代間格差を定量的に計測し,格差の全体像を把握してみよう.

世代間格差の計測には,世代会計という手法がよく用いられている.世代会計とは,家計が政府から受ける生涯受益(社会保障給付など)と政府に対する生涯負担(税や社会保険料など)を世代別に計算し,財政運営により生じる世代間の受益と負担の格差を明らかにする方法である.

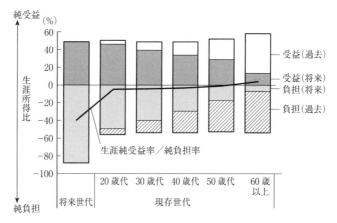

図表 10-1 財政赤字を放置した場合(現状維持ケース)の生涯受益率／負担率
(注) 1. 生涯純負担率＝生涯純負担／生涯所得.
2. プラスが受益超,マイナスが負担超.
(資料) 内閣府「国民経済計算」,総務省「家計調査」「全国消費実態調査」「国勢調査」「住民基本台帳に基づく人口,人口動態及び世帯数」等より,みずほ総合研究所作成

財政赤字が放置されれば,大幅な世代間格差が発生

政府が将来世代に対する負担の先送りを放置し続けた場合(現状維持ケース),どの程度の格差が生じるのだろうか.試算の結果(図表 10-1)は,将来世代と現存世代間の格差が著しく大きいことを示している.将来世代は生涯純負担率(生涯純負担の生涯所得に対する割合)が1世帯あたり 38.8%(約 9,600 万円)に上る一方,現存世代の純負担率は最も負担が大きい 20 歳代でも 4.9%(同約 1,300 万円)にとどまる.将来世代と 20 歳代の生涯純負担率の差は 33.9% ポイントと,生涯所得の約3割を上回る著しい格差が生じている.また,現存世代間でも,高齢層と若年層との間に大きな格差が生じている.20 歳代から 50 歳代までは生涯負担が生涯受益を上回るのに対し,60 歳以上の世代では受益超となっており,高齢層に対する給付を若い世代の負担で支えている構図が見てとれる.

世代間格差が生じる要因

こうした格差はなぜ生じているのだろうか.その要因については,主に2点

挙げることができる．1点目は，政府の財政事情が厳しいことである．政府の純債務残高(約593兆円，2014年度末時点)と，現状維持ケースの下で今後発生が見込まれるプライマリーバランス赤字額(累計約2,500兆円)を合計した約3,100兆円が，将来世代に先送りされる追加負担の総額となる．既に積み重なった政府債務の規模が大きいことに加えて，今後も巨額の財政赤字が放置されるという前提が将来世代の負担を押し上げる要因となっている．2点目は，少子高齢化の進行による将来世代の減少である．世帯数の少ない将来世代が現存世代の受益を支えることになるため，1世帯あたりでみた将来世代の負担を押し上げる要因となる．仮に将来世代が現存世代並みの世帯数を維持すれば，1世帯あたりの生涯純負担率は20.3%(約5,000万円)にとどまる．しかし，少子高齢化により将来世代の世帯数は現存世代と比べ大幅に減少するとみられるため，1世帯あたりの負担率は前述したように38.8%まで拡大する．

　政府が財政健全化に取り組まなければ，格差はますます広がっていくことになるだろう．

財政健全化が達成されれば，将来世代と現存世代間の格差は縮小

　政府が財政健全化を達成した場合，世代間格差は縮まるのだろうか．試算にあたって，財政再建のシナリオを定める必要がある．ここでは，財政健全化(遠い将来における政府純債務の割引現在価値がゼロに収束する場合)には消費税率を20%まで引き上げることが必要と試算されたため，5年毎に消費税率を5%ずつ20%に達するまで引き上げるシナリオ(財政健全化ケース)を考える．

　試算の結果(図表10-2)をみると，将来世代の生涯純負担率は1世帯あたり25.1%(約6,200万円)と，現状維持ケース(38.8%)に比べ大幅に縮小している．一方，現存世代の負担は若年層を中心に拡大し，20歳代の生涯純負担率は15.9%(約4,100万円)へと高まる(現状維持ケースでは4.9%)．将来世代と現存世代の生涯純負担率の差は9.2%ポイントとなり，現状維持ケース(33.9%ポイント)に比べ大幅な格差是正が見込まれる．一方，現存世代間の格差をみると，若年層を中心に負担が高まるため，若年層と高齢層の間の格差が拡大する．これは，増税に頼る財政再建手法では生涯負担の拡大幅が若年層ほど大きくなるためである．現存世代間も含めて世代間格差の是正を進めるためには，高齢層に対す

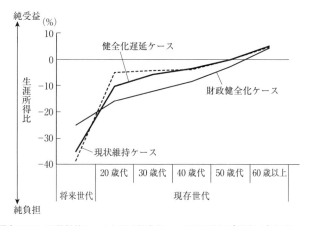

図表 10-2 現状維持ケースと財政健全化ケース別の生涯受益率／負担率
(注) 1. 生涯純負担率＝生涯純負担／生涯所得.
2. プラスが受益超,マイナスが負担超.
(資料) 内閣府「国民経済計算」,総務省「家計調査」「全国消費実態調査」「国勢調査」「住民基本台帳に基づく人口,人口動態及び世帯数」等より,みずほ総合研究所作成

る給付削減など社会保障支出の抑制が必要であろう.

早期に財政健全化に取り組み,世代間格差の縮小を

以上のように,財政再建を進めることで将来世代と現存世代間の格差は改善する.しかし,財政再建のペースが遅れた場合(健全化遅延ケース,2050年度まで財政の悪化が放置され,2050年度から健全化策が実行されるケース)は,将来世代に先送りされる負担が拡大するため,財政再建による世代間格差の是正幅は小幅にとどまる(**図表10-2**).この結果は,単に財政健全化を進めることだけではなく,健全化のペースも非常に重要であることを示している.安倍政権下では,財政健全化に向けて2014年度に消費増税を実施したものの,その後に予定されていた増税は2度延期された.増税延期は,個人消費の低迷や海外経済の減速などが原因であり,やむを得ない面もあるが,将来世代への負担の先送りにつながっていることは忘れてはならない.世代間格差を是正するため,今後政府には,増税と歳出抑制策を組み合わせた財政健全化に強力にコミットすることが求められる.

11

大都市と地方の格差

> **POINT**
> - 地域別人口では二極化が一層進んでいる．日本が本格的な人口減少社会に突入する中で，東京をはじめとする中核的な大都市の人口は増加する一方で，それ以外での減少幅は拡大している．
> - その背景には，仕事を求める若者，特に高学歴の女性の移動がある．彼らが生産性の高い仕事が多い大都市に移動する一方で，流出が進む地域ではさらなる人口減少が避けられない．
> - 若者の流出が進むなかで，自治体そのものの消滅も危惧されるようになったが，人口減少と経済のグローバル化などにより，従来型の地域間格差是正策に大きな期待が持てなくなっているのが実情である．

人口減少時代の地域間格差の是正

　格差問題は国民経済全体としての格差だけでなく，地域間格差にも議論が広がっている．結論からいえば，人口減少と経済のグローバル化などにより，地域間格差は複雑化し，それゆえ対策は難しくなっている．

　高度成長期の三大都市圏への人口集中やバブル期の東京圏一極集中のように，三大都市圏，特に東京圏 VS 地方のような構図が地域間格差問題では長らく続いた．そのため対策は三大都市圏や東京圏の経済成長を抑制し，国土の均衡ある発展を図る政策に主眼が置かれてきた．地域間格差是正において，経済的な効率以上に社会政策的な側面に重きが置かれてきたといえよう．

　しかし，日本は少子高齢化の進展で人口増加率が徐々に低下し，ついに総人口は2008年から減少し始め，日本は本格的な人口減少社会に突入した（**図表11-1**）．日本では少子化に歯止めがかかっておらず，このままでは総人口は減少

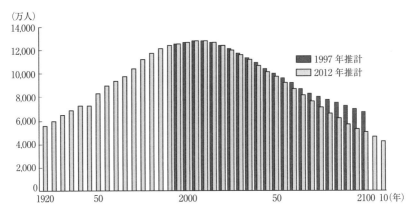

図表 11-1 超長期の日本の総人口
(注) 1997年推計では2000年以降が出生率中位の推計．2012年推計では2015年以降が出生率中位・死亡率中位の推計．
(資料) 総務省「国勢調査報告(各年版)」，国立社会保障・人口問題研究所「日本の将来推計人口(平成24年1月推計)」「日本の将来推計人口(平成9年1月推計)」より，みずほ総合研究所作成

し続ける．国立社会保障・人口問題研究所の推計では，5年に1度の国勢調査のたびに日本の将来推計人口は下方修正を繰り返してきた．2015年の日本は世界で10番目の人口大国であるが，今後は人口ランクを下げていく．

一方で，経済ではグローバルな競争が激化しており，人口減少もあいまって地域間格差の是正策として長らく採用されてきた地方における公共事業拡大と製造業の工場誘致は，その効果が薄れるようになっている．地方では，公共事業で整備されたインフラの多くが人口減少によって利用者が減少し，インフラの建設費の地元負担分だけでなく，維持管理費さえも大きな負担になりつつある．また，経済のグローバル化により，低賃金労働者を求めて海外進出を厭わない製造業の企業が続出している．そのため，日本に残った製造業の工場では高賃金があまり見込めなくなりつつあり，そこでは賃金を抑制できる非正規雇用が一般化するようになっている．そのため，地域住民，特に若者が必ずしも工場での仕事を望まないようになり，低賃金を厭わない労働者を日本国内および世界中から集めている製造業の工場は少なくない．

このような人口減少と経済のグローバル化の下，日本の経済力を維持し発展させるために，大都市の経済力を活かすべきという声も広がりつつある．サー

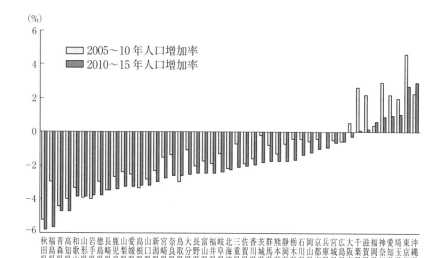

図表11-2　都道府県別人口増加率
（資料）　総務省「国勢調査報告（各年版）」より，みずほ総合研究所作成

ビス業に経済の主体が移りつつある中，貿易が難しいサービス業の競争力は人口が多く人口密度が高い大都市でこそ成長するという考えが根強いからだ．これまでのような地方重視の政策で，大都市の経済力を損ねては国全体の成長戦略にも影響しかねないという懸念もあろう．

人口移動による地域別人口の二極化

日本における2010～2015年の都道府県別人口をみると，人口が増加したところは8つ（埼玉県，千葉県，東京都，神奈川県，愛知県，滋賀県，福岡県，沖縄県）にとどまる一方，人口が減少したところは39に上る（図表11-2）．その一方で，2005～2010年に人口が減少した県で2010～2015年に人口が増加したところはない．現在の国の主要政策である地方創生を活かして人口減少から人口増加への転換を目指す自治体が多いが，それは容易でないことがわかる．

このような都道府県別人口の二極化を生んでいるのは人口移動である．地域人口を左右する要因として出生・死亡による自然増減と転入・転出による社会増減があるが，近年の地域別人口を大きく左右しているのは社会増減である．

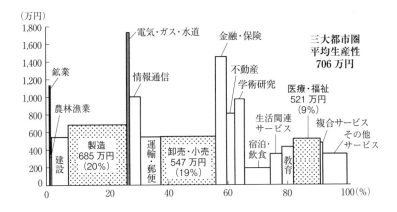

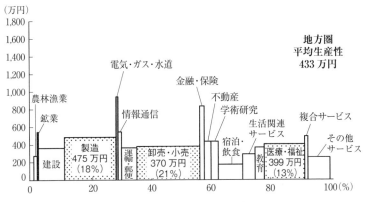

図表 11-3　就業者構成比と 1 人あたり生産額（2012 年）
（注）　三大都市圏は，埼玉県，千葉県，東京都，神奈川県，岐阜県，愛知県，三重県，京都府，大阪府，兵庫県，奈良県．地方圏は三大都市圏以外．
（資料）　総務省「経済センサス-活動調査（2012 年）」より，みずほ総合研究所作成

　このことは，地方の方が大都市より出生率が高いにもかかわらず，地方にある自治体のほとんどが大都市以上に人口減少が進んでいることからも明らかだ．
　地方の転出超過の背景には，大都市により魅力的な仕事が多いことが考えられる．例えば，全ての業種で三大都市圏の方が就業者 1 人あたりの生産性が高く（**図表 11-3**），生産性を反映する賃金も三大都市圏の方が高くなろう．また，大都市には人だけでなく，情報も集まることで，新たなビジネスに関わるチャ

ンスが多い．大都市は生活費が高く，通勤時間が長いなどデメリットもあるが，大都市への人口移動が地方への人口移動より多いという事実はデメリットを凌駕するほど大都市の仕事に魅力があるという証左となろう（最近注目されている「ふるさと納税」をめぐる地域間格差については**コラム④**を参照）．

90年代以降の人口移動は女性主導

　そこで三大都市圏別に日本人における転入超過数の推移をみると，高度成長期は三大都市圏いずれも転入超過だったが，1980年代後半以降は東京圏（東京都，神奈川県，千葉県，埼玉県）だけがバブル崩壊の一時期を除いて転入超過である．大阪圏（大阪府，京都府，兵庫県，奈良県）は東日本大震災後の一時期を除いて1970年代半ば以降，転出超過が続いている．名古屋圏（愛知県，岐阜県，三重県）の転入超過は1970年代半ば以降あまり大きくない．

　三大都市圏内でこうした違いが生じた背景の1つは，90年代後半から進学率の高まりを背景に，女性が東京圏に集まるようになったからだと考えられる．女性は，大学卒業後，やりたい仕事のある大都市，特に東京圏で就職するようになっているからだ．2016年の男女別年齢別に転入超過数をみると，名古屋圏では10歳代後半から20歳代前半の女性は転出超過であるのに対し東京圏では女性の方が男性より転入超過となっている（**図表11-4**）．世界的な製造業の企業が集積する名古屋圏でも女性が転出超過となっていることから，従来型の工場誘致や公共事業誘致では地方における若い女性の転出に歯止めがかかりにくいのが明らかであろう．若い女性の転出は将来の地域を支えるであろう子どもの転出を意味し，地方にとっては二重の痛手といえる．つまり，若い女性の人口移動が地域間格差を拡大しているといえよう．

都市圏内や自治体内でも人口は二極化

　また，都市圏単位や都道府県単位でも人口格差が生まれており，地域間格差是正をより難しくしている．市町村別人口増加率をみると，増加率下位の自治体ではわずか5年の間に2～4割減少しているのがわかる（**図表11-5**）．一方，市町村別人口増加率トップ20のうち16市町村は地域経済の中心都市の郊外に立地している．このように，地方でも地域経済の中心都市とその周辺部で人口

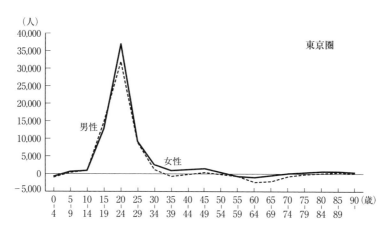

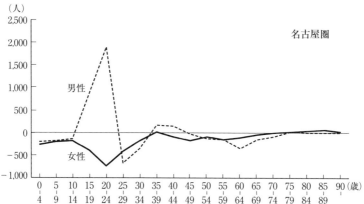

図表 11-4 男女別,年齢別転入超過数(2016年,日本人)
(資料) 総務省「住民基本台帳人口移動報告(2016年)」より,みずほ総合研究所作成

が増加する一方,それ以外では人口が減少しており,格差は拡大している.

大都市の代表例である政令指定都市でも二極化が進んでいる.現在20の政令指定都市のうち,2010〜2015年に人口が減少したのは神戸市,北九州市,堺市,新潟市,浜松市,静岡市の6つであり,製造業の比較的盛んな都市が目に付く.政令指定都市のような大都市でも少子高齢化が進行し,死亡数が増加しているので,人口が増加するには大量の若者の転入が必要である.しかし,

図表 11-5　市町村別人口増加率(2010～2015年)ランキング

下位

順位	市町村名	人口増加率(%)
1	福島県楢葉町	−87.3
2	宮城県女川町	−37.0
3	宮城県南三陸町	−29.0
4	福島県川内村	−28.3
5	宮城県山元町	−26.3
6	奈良県上北山村	−25.0
7	岩手県大槌町	−23.0
8	奈良県黒滝村	−21.4
9	福島県広野町	−20.3
10	奈良県川上村	−20.1
11	青森県風間浦村	−19.8
12	奈良県下市町	−19.3
13	北海道夕張市	−19.0
14	高知県馬路村	−18.8
15	奈良県東吉野村	−18.6
16	福島県南相馬市	−18.5
17	群馬県南牧村	−18.3
18	北海道歌志内市	−18.3
19	奈良県曽爾村	−18.3
20	山梨県丹波山村	−17.8

上位

順位	市町村名	人口増加率(%)
1	福岡県新宮町	23.0
2	鹿児島県十島村	15.1
3	宮城県大和町	13.5
4	沖縄県与那原町	12.8
5	沖縄県与那国町	11.2
6	愛知県長久手市	10.7
7	埼玉県戸田市	10.6
8	茨城県つくばみらい市	10.5
9	山梨県昭和町	10.5
10	北海道東神楽町	10.1
11	沖縄県中城村	10.0
12	三重県朝日町	9.7
13	宮城県富谷町	9.7
14	愛知県阿久比町	9.0
15	沖縄県八重瀬町	9.0
16	熊本県菊陽町	8.6
17	東京都小笠原村	8.5
18	福岡県粕屋町	8.0
19	熊本県大津町	7.1
20	沖縄県沖縄市	6.9

(資料)　総務省「国勢調査報告(2015年)」より，みずほ総合研究所作成

　これらの政令指定都市では産業構造の変化などで製造業が衰退しつつあるうえ，製造業の工場での仕事は特に大卒の若者の就業先になりにくく，製造業の盛んな都市から他の大都市へ，仕事を求めて若者の流出が進んでいる．

　政令指定都市内でも都心回帰による二極化が顕著となっている．例えば，大阪市における人口増加率は，都心か都心に隣接する区で非常に高くなっているほか，福岡市や札幌市でも都心にある区が区別人口増加率でトップとなっている．そして，都心回帰が最も顕著なのが東京都である．千代田区，港区，中央区の都心3区と千代田区に隣接する台東区の人口増加率は非常に大きい．一方，対照的な様相となっているのが郊外の区である．例えば，東京都練馬区は東京圏のベッドタウンの代表例だが，2010～2015年の練馬区の人口増加率は0.8%と1970年以降で最低であり，23ある区の中では20位に低迷している．この

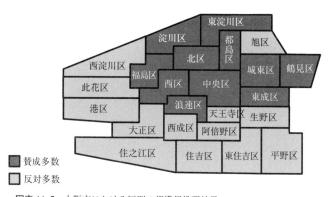

図表 11-6　大阪市における区別の都構想投票結果
（資料）　大阪市選挙管理委員会ホームページより，みずほ総合研究所作成

ように，大都市内部でも人口格差が生まれており，その是正策で自治体ごとに対立する構造になっている．2015年の大阪都構想に関する住民投票で，都心で人口が増加している区で賛成が目立ち，郊外にあって人口増加がそれほどでもない区で反対が目立ったのも，その証左であろう（図表11-6）．

格差問題として大きく浮上した「消滅可能性自治体」問題

人口減少時代の地域政策では，人口を郊外から都心に再配置してコンパクトシティを目指す動きもある．人口増加時代に広がった都市を縮小し，維持管理コストを低減させるのが狙いである．コンパクトシティ政策には，都心の人口と人口密度を高め，サービス業の生産性を高める目的もある．その結果，郊外の住民は不便な生活を強いられる可能性がある．郊外ではインフラの維持管理が不十分になり，また医療や介護などの行政サービスも十分行き渡らなくなるかもしれない．そのうえ，郊外では住民が人口減少に伴う公共交通網の縮小や商業施設の撤退などで「交通難民」や「買い物難民」となる可能性があるうえ，郊外に築いた不動産資産の価格が下落するかもしれない．

　これが究極まで進むと，自治体そのものの存続に影響することも懸念される．これまでも限界集落化した山間地にある地区は多数消滅してきたが，人口が集積するはずの都市でもその可能性が出てきたからだ．それを強く想起させたのが2014年に発表されたいわゆる「増田レポート」であろう．地域の将来人口

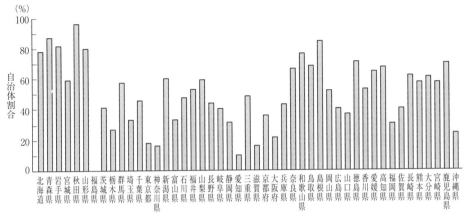

図表 11-7　都道府県別にみた消滅可能性自治体の割合
(注)　国立社会保障・人口問題研究所の人口推計を前提とし，さらに人口移動率が収束しないと仮定したときの 20〜39 歳女性人口が，2010 年から 2040 年にかけて半分以下になる自治体数の割合．福島県については，人口推計が困難なため，試算していない．
(資料)　国立社会保障・人口問題研究所「日本の地域別将来推計人口(平成 25 年 3 月推計)」，日本創成会議・人口減少問題検討分科会資料より，みずほ総合研究所作成

を考えるには女性の数がとても重要で，特に出生率が高い 20 歳代から 30 歳代の女性の数がその地域の人口の趨勢を決める．増田レポートでは 2040 年までにその 20 歳代，30 歳代の女性の人口が半減する自治体の数を割り出し(**図表 11-7**)，それらを「消滅可能性都市」と名付け，警鐘を鳴らした．

　この「消滅可能性都市」であっても，実際に人口がゼロになるのはずいぶん先のことになるであろうが，人口減少が激しい自治体では消滅する前であっても生活に困難をきたす．それゆえ，先進国である日本で都市的ライフスタイルに慣れ親しんできた都市住民の多くにとって，消滅可能性だけでも十分ショックであろうことは疑うべくもない．これまで日本における地域間格差は発展途上国はもちろん先進国に比べても比較的小さいうえ，ナショナルミニマム維持や地域活性化という目的で手厚い格差是正策が講じられてきたが，日本の総人口が大きく減少していく中，全ての自治体を消滅させないことが果たして可能であろうか．人口減少と経済のグローバル化はこのように地域間格差問題を複雑化し，その解決には抜本的な対策が必要になっている．

12

大企業と中小企業の格差

> ─POINT─
> - アベノミクス以降,円安・株高・原油安のトリプルメリットにより,企業収益は過去最高を記録した.しかし,その恩恵は大企業に偏重しており,中小企業との利益格差は拡大した.
> - しかし,設備投資をみると,中小企業の方が大企業より増加し,その差が縮小するという「逆転現象」が起こった.大企業は,円安などによる収益改善を一時的と捉え,設備投資の増加に慎重だったからだ.
> - 一方,中小企業では大規模な金融緩和による資金繰り改善に後押しされ,老朽化した設備の更新投資が進んだ.更新投資への関心は引き続き高いとみられるが,能力増強まで踏み込めるかが今後の注目点だ.

アベノミクス以降,大企業と中小企業の利益格差は拡大

2013年以降のアベノミクス開始により,企業収益を巡る環境は劇的に変わった.民主党(当時)政権下では為替レートが1ドル70円近くの円高水準で推移しており,為替差損や輸出の下押しといった悪影響により企業収益が圧迫されていた.しかし,大規模な金融緩和を公約していた自民党の安倍政権が誕生すると,為替レートは急速に円安方向に転換し,2014年末には1ドル120円台を記録し,これを受けて株価も大幅に上昇した.また,2014年末から原油価格が急激に下落した.その結果,円安・株高・原油安というトリプルメリットが追い風となって,企業業績は急速に改善した.財務省「法人企業統計年報」をみると,2015年度の経常利益(金融・保険除く)は約68兆円と,過去最高益を記録した.

ただし,アベノミクスによる恩恵は必ずしも全企業に均等に行き渡っている

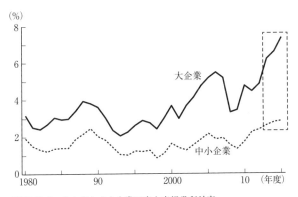

図表 12-1 大企業と中小企業の売上高経常利益率
(資料) 財務省「法人企業統計年報」より,みずほ総合研究所作成

とは言えない状況だ．図表12-1は，大企業と中小企業の売上高経常利益率をみたものである．大企業は，2015年度に7.3％と過去最高の水準であり，2012年度から2.5％ポイントも上昇した．一方，中小企業も2015年度に2.9％と過去最高を記録したものの，2012年度と比較すると，わずか0.4％ポイントの小幅改善にとどまっている．アベノミクスによる収益改善効果は，大企業と中小企業で大きな差があり，大企業に恩恵が偏重していると言えよう．

　この背景には，トリプルメリットのうち，特に円安の恩恵が大企業の収益を大きく押し上げたことがある．売上高に占める輸出の比率は，中小企業よりも大企業の方が大きいため，円安による収益改善効果は，大企業により発現しやすい．とりわけ，短期間で収益の押し上げに寄与したのは円安によって生じる為替差益だ．なぜなら，大企業は中小企業よりも海外取引の割合が高く，外貨建て対外債権(輸出の売掛金など)を多く持っており，円安になれば自国通貨換算時に金額が膨らんで為替差益として計上されるからだ．また，大企業の多くは既に海外展開を実行済みで，海外子会社からの配当金などが，円安によって膨らめば，収益を押し上げる要因となる．

中小企業の設備投資の伸びが大企業を上回る「逆転現象」発生

　大企業が中小企業よりも収益改善でリードする一方，設備投資については中小企業の方が大企業よりも増加するという「逆転現象」が起こっている．図表

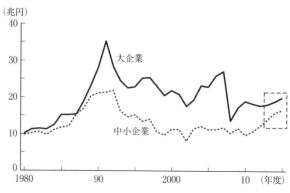

図表 12-2　大企業と中小企業の設備投資額
（資料）　財務省「法人企業統計年報」より，みずほ総合研究所作成

12-2は，設備投資額の推移をみたものである．2015年度の設備投資の伸び率（2012年度対比）は，中小企業が＋34％と大企業（＋12.5％）を上回っており，投資額の規模も大企業と中小企業の差は，アベノミクス以降縮小している．内訳をみると，製造業でははん用・生産用・業務用機械器具工業や化学工業，非製造業では小売業や不動産業を中心に，中小企業の設備投資が増加した．

　一般的には，収益が改善するほどキャッシュフローに余裕が出てくるため，設備投資が増加すると理解されている．しかし，アベノミクス以降の動きを見ると，こうしたイメージとは対照的な結果となっている．なぜ，このような「逆転現象」は生じたのだろうか．

　図表 12-3 は，大企業と中小企業の経常利益の要因分解（2013年度以降の累積寄与度）を比べたものである．これをみると，大企業の利益改善は，売上高による押し上げが小さい一方，利益率や営業外収益による押し上げが大きいことがわかる．つまり，大企業の収益改善は，原油安などによるコスト低下や円安による為替差益（営業外収益の一部）がもたらしたと言えよう．

　売上高の増加を伴わない円安や原油安による収益改善について，大企業は一時的なものとして慎重に捉えていた可能性が高い．そのため，収益の改善ほど設備投資が伸びなかったと考えられる．また，コーポレートガバナンス・コードの設定や，ブランドなど無形資産への関心の高まりなどもあり，配当金やM＆Aなどに収益をより多く振り分けていることも背景にあるとみられる．

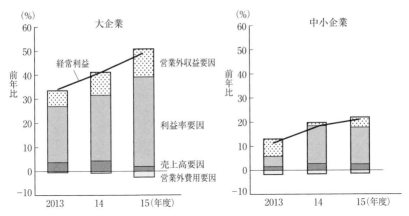

図表 12-3　大企業と中小企業の経常利益の要因分解（累積寄与度）
（資料）　財務省「法人企業統計年報」より，みずほ総合研究所作成

これに対して，中小企業の経常利益の要因分解をみると，利益率や営業外収益要因による押し上げ効果は，大企業と比べて小さいことがわかる．円安の恩恵が小さかったことを示唆するものだ．また，売上高要因の寄与が小さいという点は，大企業と同じである．

中小企業の設備投資は，設備代替・維持・修繕が中心

では，売上があまり増えていない状況は同じにもかかわらず，中小企業の設備投資が大企業よりも伸びているのはなぜか．この理由を探るために，中小企業の設備投資目的を確認してみた．図表 12-4 は，商工中金「中小企業設備投資動向調査」における設備投資目的を尋ねたアンケート調査で，数値は回答割合（複数回答有）を示している．これをみると，「設備の代替」が 40％ を超えて最も高く，投資目的は更新が多いことがうかがえる．次点では「増産・販売力増強（国内向け）」と「維持・補修」が 30％ 弱で続き，「合理化・省力化」も 20％ 程度とやや高めの割合となっている．

この結果から，中小企業は，設備の代替や維持・修繕を中心に投資を行う一方，売上拡大に向けた増強投資や省力化投資も一部実施しているとみられる．これを踏まえた上で中小企業の設備投資増加の要因を考えてみよう．

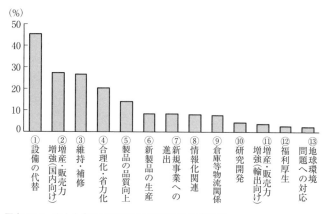

図表 12-4 中小企業の設備投資の目的(2016 年度計画)
(注) 複数回答.
(資料) 商工中金「中小企業設備投資動向調査(2016 年 7 月調査)」より,みずほ総合研究所作成

中小企業の設備不足感が大企業以上に強まる

まず,増産・販売力強化に向けた設備投資の背景には,中小企業の設備稼働率が高まって設備不足感が増していることがある. **図表12-5** は,大企業と中小企業の生産・営業用設備判断 DI(数値が小さいほど設備が不足していることを意味する)である. これをみると,アベノミクスが開始された2013 年以降,中小企業の DI が 0 近傍となり,リーマンショック(2008 年)前のミニバブル期を下回る水準となっていることがみてとれる. また,大企業よりも中小企業の DI の水準が,若干ではあるが低くなっている. 業種別に見ると,製造業では化学や鉄鋼,金属製品,非製造業では運輸・郵便,情報通信といった業種で,相対的に中小企業の設備不足感が強いようだ.

この背景としては,円安のみならず,アベノミクス第 2 の矢である財政政策によって,公共投資などの建設投資が景気拡大をけん引していたことがある. これにより,建設資材向けの化学や鉄鋼,金属といった素材製品への需要が持ち直したことで,国内向け出荷比率の高い中小企業の設備不足感がより強まったとみられる. また,ネット消費やインバウンド需要の拡大による新たな物流施設拡充やシステム開発へのニーズが高まる中,大企業よりも対応の遅れが指

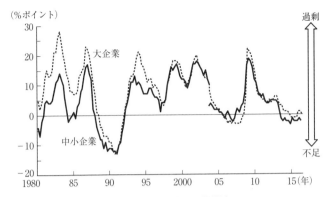

図表 12-5 大企業と中小企業の生産・営業用設備判断 DI
（資料） 日本銀行「全国企業短期経済観測調査」より，みずほ総合研究所作成

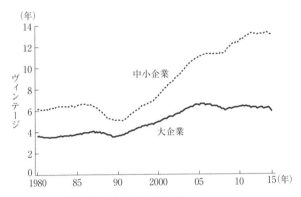

図表 12-6 大企業と中小企業の設備年齢
（資料） 財務省「法人企業統計季報」より，みずほ総合研究所作成

摘されていた中小企業で，設備不足感が強まったと考えられる．

設備老朽化という長年の問題を抱える中小企業

また，図表12-4のアンケートでみたように，能力増強以上に設備の代替に対するニーズが大きく，維持・修繕も多く実施されているようだが，この背景には，中小企業の設備老朽化という問題があると推察される．

図表12-6は，大企業と中小企業の設備年齢を試算したものだ．これをみると，大企業と比べて中小企業の持つ設備ストックの老朽化が進んでいることが

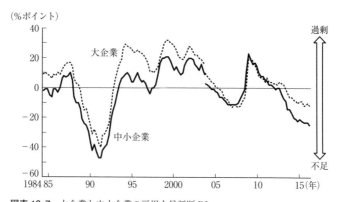

図表12-7 大企業と中小企業の雇用人員判断 DI
（資料）　日本銀行「全国企業短期経済観測調査」より，みずほ総合研究所作成

わかる．この理由として，中小企業は大企業と比べて収益力や自己資本比率が低く，特別損失を計上して設備を除却する財務的体力に乏しかったことが考えられる．しかし，アベノミクスの開始により，大企業ほどではないにせよ，中小企業の収益が改善に向かったことで，先送りし続けてきた老朽化設備の更新に乗り出す余裕が生まれ，更新投資を後押ししたとみられる．

人手不足の問題も近年深刻化

加えて，中小企業における人手不足の問題が深刻化しつつあることも，合理化・省力化投資を促した面があろう．**図表12-7**は，大企業と中小企業の雇用人員判断 DI（数値が小さいほど雇用人員が不足していることを意味する）である．これをみると，2013年以降，中小企業の DI は大企業と比べてより大きく低下しており，人手不足感が強まっている．バブル期の1990年代初頭ほどではないが，リーマンショック前の2007年前後と比較しても，現在の DI の水準は低く，人手不足が深刻化していることがみてとれる．

人口減少・少子高齢化が進む中で，大企業も人手不足感が強まっているが，中小企業においては新卒採用がままならず，労働力の高齢化が深刻な問題となっている．総務省「就業構造基本調査」を用いて，2012年時点の雇用者の年齢構成を規模別にみると，中小企業（従業者300人未満とした）における60歳以上の雇用者の割合は約20％と，大企業（約9％）の2倍となっている．退職者の

代替となる若年の労働力を確保するという点で中小企業はまさに差し迫った状態と言えるだろう．また，数だけでなく質の面でも労働者の不足が深刻だ．その一例が中小建設事業者である．国土交通省「建設労働需給調査」をみると，アベノミクス以降，特にとび工，型わく工といった技能労働者の不足感が強まった．公共投資の積極的な実施や不動産価格の上昇によって，建設需要が持ち直す中，もともと低水準の給与などの要因により常態化していた技能労働者不足の問題に拍車がかかったと言えよう．

異次元の金融緩和が，中小企業の設備投資を後押しした面もあり

設備老朽化と人手不足という問題への対応として投資需要を抱えていた中小企業を後押ししたのが，異次元の金融緩和による資金調達環境の改善である．中小企業は，大企業と比べて資金調達を社債などの直接金融よりも間接金融，中でも金融機関からの借入に依存している．財務省「法人企業統計年報」をみると，2015年度の負債に占める金融機関からの借入額の割合は，中小企業の場合，約42％と大企業(約31％)よりも高い．よって，設備投資実施にあたっては，銀行からの資金調達環境に左右される面が中小企業で相対的に大きくなる．

図表12-8の上図は，国内銀行による大企業および中小企業向けの貸出残高の推移である．これを見ると，中小企業向けの貸出はリーマンショックから2013年直前まで前年割れが続いていた．しかし，アベノミクス開始以降，中小企業向け貸出は，2007年以来となる前年比プラスに転換している．大規模な金融緩和による住宅など不動産価格の持ち直しによって，不動産業への貸出が大幅に増加したほか，建設業や卸・小売業といった業種向けも増えている．事実，図表12-8の下図は，大企業と中小企業に対する金融機関の貸出態度判断DI(数値が大きいほど貸出態度が緩いことを意味する)をみたものだ．中小企業のDIはバブル期以来の高水準となっている．

これらのことから，金融機関による中小企業向け貸出の増加が少なからず設備投資を後押しした面があると言えそうだ．ただし，財務省「法人企業統計年報」を用いて設備投資額をキャッシュフロー対比でみると，2015年度の中小企業の比率は約0.64倍と2012年度(約0.62倍)から若干上昇したにすぎず，未

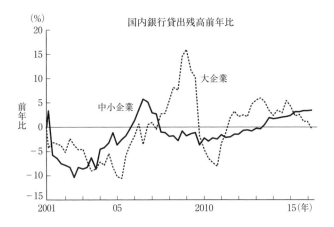

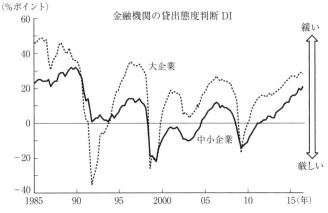

図表 12-8　大企業と中小企業の金融機関からの借入に関する指標
(資料)　日本銀行「貸出先別貸出金」,「全国企業短期経済観測調査」より,みずほ総合研究所作成

だ1倍を大きく下回っている．中小企業に限った話ではないが，企業の先行き期待成長率が高まらなければ，いくら資金調達環境が改善しても設備投資に結びつかない点には留意が必要だ．

中小企業の設備投資の更なる加速に必要な資本収益率の向上

以上をまとめると，アベノミクス以降の中小企業の設備投資は，一部に設備

稼働率の上昇に伴う増強という前向きな動きもあったとみられるが，主には設備老朽化と人手不足という問題への対応に向けた設備代替・修繕・維持や省力化など，必要に迫られた投資が中心だったとみられる．加えて，大規模な金融緩和によって金融機関の貸出態度が緩和したことも，中小企業の設備投資を後押しする一因になったと考えられる．

　こうした動きは今後も続いていくのだろうか．日本銀行「全国企業短期経済観測調査」をみると，2016年度の中小企業の設備投資計画（土地除くソフトウェア含む）については，7～9月期時点で過去2年よりも高い伸び率となっており，底堅さを維持している．設備老朽化と人手不足は早期に解消できる課題ではないことから，更新投資や省力化投資への関心は引き続き高いことが背景にあるようだ．金融政策についても，少なくとも短期的には金融引き締めに転じることは考えにくいため，貸出態度の厳格化などによって資金繰りがタイト化するリスクも小さい．キャッシュフロー対比の設備投資が依然，低水準であることもあり，日本経済がリーマンショック時と同程度の景気後退局面とならない限り，中小企業の設備投資は粛々と実施されていくだろう．

　ただし，**図表12-3**でみたように，アベノミクス以降の中小企業の収益改善は売上高の増加によってもたらされているわけではない．売上高の増加を伴った収益改善が続いていかなければ，中小企業の抱く期待成長率は向上せず，能力増強に向けた投資の動きは停滞したままとなる可能性が高い．その結果，資本収益率の向上にもつながりにくくなる．新しく設備を導入することで資本収益率が向上すれば，増産・販売力強化に向けた設備投資の動きがさらに強まり，それがまた資本収益率を向上させるという好循環を生み出すことができる．資本収益率の向上によって上述のような好循環を生み出すためには，生産効率を高めるIT投資や人的投資，研究開発投資の実施も重要となる．加えて，期待成長率を底上げするための有望分野における規制緩和や，研究開発や無形資産投資への税制優遇などの政策も好循環を後押しするきっかけとなるだろう．歴史を振り返って，「逆転現象」が変化の胎動だったと評価されるかどうかは，まさにこれからの官民一体となった取り組みにかかっていると言えるだろう．

(注)
1 大企業と中小企業の定義について
- 財務省「法人企業統計」
    大企業　　資本金10億円以上
    中小企業　同1億円未満(季報の場合，1千万〜1億円)
- 日本銀行「全国企業短期経済観測調査」
    大企業　　資本金10億円以上
    中小企業　同2千万〜1億円
- 日本銀行「貸出先別貸出金」
    卸売業
        大企業　　資本金10億円以上かつ常用従業員数100人超
        中小企業　資本金1億円以下または常用従業員数100人以下
    物品賃貸業等
        大企業　　資本金10億円以上かつ常用従業員数100人超
        中小企業　資本金5千万円以下または常用従業員数100人以下
    小売業，飲食業
        大企業　　資本金10億円以上かつ常用従業員数50人超
        中小企業　資本金5千万円以下または常用従業員数50人以下
    それ以外
        大企業　　資本金10億円以上かつ常用従業員数300人超
        中小企業　資本金3億円以下または常用従業員数300人以下

2 経常利益の要因分解は，下記のように行った．
    経常利益＝営業利益＋営業外収益－営業外費用
    　　　　＝売上高×営業利益/売上高＋営業外収益－営業外費用
    　　　　　　売上高要因　利益率要因　　営業外　　　営業外
    　　　　　　　　　　　　　　　　　　収益要因　　費用要因

3 設備年齢は
    [((前期の設備年齢＋0.25年)×(前期末資産－当期除却)
    　＋0.25年×当期新設]/当期末資産
にて計算．対象は，土地除く有形固定資産(含む建設仮勘定)．また，期中の資産減少額より減価償却を控除したものを除却額とした．また，経済企画庁「国富調査」より1970年末時点の設備年齢を8.2年とした．

— コラム②—

退職後の医療保険

　日本の医療保険制度は，国民全員がいずれかの公的医療保険に加入する国民皆保険である．会社員とその家族は健康保険に，公務員等とその家族は各種共済に，その他はおおむね市町村国保に加入する．なお，健康保険には，健保組合と協会けんぽがあり，健保組合がある企業(主に大企業)の従業員は健保組合に，健保組合がない企業(主に中小企業)の従業員は協会けんぽに加入する．健康保険の加入対象は厚生年金と同じである(**テーマ22参照**)．75歳以上になると，全員が後期高齢者医療制度に加入する．

　会社員の退職後(引退後)の医療保険は，原則として，①退職前の会社の健康保険に引き続き加入(任意継続被保険者)，②居住地の市区町村の国民健康保険に加入(市町村国保の被保険者)，③家族が加入する健康保険に加入(健康保険の被扶養者)，のいずれかとなる(**図表**)．医療費の自己負担はいずれも3割負担で変わらない(ただし，独自の付加給付がある健保組合もある)．一方で，保険料には格差があり，①は事業主負担分を含む退職前の保険料(上限あり)，②は市区町村ごとに決められた保険料を負担するが，③は保険料負担はない．ただし，③は年収要件等があるため誰でも選択できるわけではない(**図表**)．また，①と②の保険料はどちらが負担が軽いかは人により異なるため，加入制度の選択にあたっては個別に確認する必要がある．

図表　会社員の退職後の医療保険

加入先	①健康保険の 任意継続被保険者	②市町村国保の 被保険者	③家族が加入する 健康保険の被扶養者
加入条件	・退職日までに被保険者期間が継続して2カ月以上あること ・退職日の翌日から20日以内に手続きすること ・加入期間は最長2年	・居住地の市区町村で加入	・年収130万円未満かつ被保険者の年収の2分の1未満等の要件がある
保険料	・事業主負担分も含む退職前の保険料(上限あり)	・市区町村，世帯人数や，前年の所得等による	・被扶養者の保険料負担はない

（資料）　全国健康保険協会ホームページ等より，みずほ総合研究所作成

III
日本における格差問題
──何が問題か

13

「格差は広がっている」と感じるか

> **POINT**
> - 実態としての格差とは別に，人々によって認識されている「格差感」がある．実態以上に過大視されることもありうるが，「格差感」こそが政治や社会への評価なり不満なりに直結することに留意が必要．
> - アンケート結果からみると，日本では格差が広がってきているとの受け止め方が多い．一方で，格差が許容範囲か，固定化しているかについては見方が分かれる．
> - 国際比較を行った調査では，旧東欧諸国やイタリアで所得格差や不平等が強く認識される傾向があり，北欧諸国や日本はその逆．ただし，日本では不平等を自認する見方が増えている．

実態としての格差と「格差感」

　II 章では，日本における格差の実態を様々な角度から分析してきた．III 章では，こうした格差の要因はどこにあるのか，背景には何があるのか，格差はどのような問題を生じさせるのかといった点につき掘り下げていきたい．

　それに先立ち，ここではまず，国民が格差についてどのように感じているのかを確認したい．それは，実態としての格差とは別に，人々の感じ方，すなわち「格差感」というものが存在するからである．本書冒頭の「はじめに」でも記したように，実態以上に格差が強く意識されてしまうことがありうる（もちろんその逆もありうるが）．例えば，一面的な見方に基づく先入観や，個別事例を見て一般化してしまう過大認識，ばらつきやテンポの差を格差として読み込んでしまうことなどである．

　ただし，注意しなければならないのは，人々が持つ政治や経済や社会に対す

質問	回答1	%	回答2	%
日本では最近，所得の格差が広がってきていると思いますか	広がってきている	76	そうは思わない	20
いまの日本の社会にある所得の格差は，許容できる範囲だと思いますか，それとも行き過ぎていると思いますか	許容できる範囲だ	46	行き過ぎている	44
いまの日本では，子供のころの生活水準が大人になっても引き継がれ，格差が固定化しつつあると思いますか	固定化しつつある	51	そうは思わない	44
豊かな層から税金を多く取って貧しい層との所得格差を減らす再分配策を，今よりも進めるべきだと思いますか	進めるべきだ	62	そうは思わない	31

図表 13-1 所得格差に対する国民の見方
(注) 数字は％．小数点以下は四捨五入し，質問文と回答は一部省略．調査は，全国の有権者から3,000人を選び郵送法で実施．調査期間は2015年3月18日～4月17日，有効回答は2,052．
(資料) 朝日新聞社のアンケート調査結果(2015年5月2日)より，みずほ総合研究所作成

る見方なり評価なり不満といったものは，こうした「格差感」によって形成されるということだ．したがって，事実としての格差がどのようなものであるかをしっかりと究明する作業とともに，格差についてどのように感じられているのかを把握することもまた大切であると考えられる．

所得格差拡大を感じる一方で許容範囲との見方が約半数

格差に対する見方は，アンケート調査によって確認できる．格差感については，近年の政府世論調査では拾えないため，ここでは大手新聞社のアンケートを事例として挙げる(**図表 13-1**)．この調査によると，「所得の格差が広がってきているか」という問いに対して，「広がってきている」との回答が7割を超えている．かつて日本は比較的平等な社会であるとの自画像が一般的であったが，こうした見立てが変化してきていることがうかがわれる．II章では，ジニ係数等により実態としての格差が緩やかながらも拡大してきていることを確認したが，格差に対する認識も強まっていると言えそうだ．

一方，格差についての許容度を問うた質問に対しては，「許容できる範囲」と「行き過ぎ」とで回答割合が拮抗している．また，格差の固定化については，

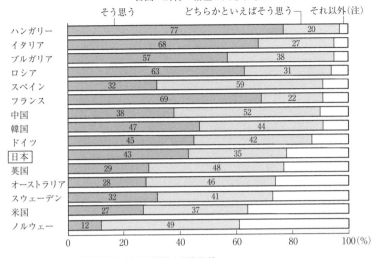

図表13-2 所得格差に対する認識の国際比較
(注) 「それ以外」は，「どちらともいえない」，「どちらかといえばそうは思わない」，「そうは思わない」の合計．2009年の調査．ドイツは旧西ドイツ地域．
(資料) 村田ひろ子，荒牧央「格差意識の薄い日本人〜ISSP国際比較調査「社会的不平等」から〜」NHK放送文化研究所『放送研究と調査』(2013年12月号)より，みずほ総合研究所作成

それを認める見方と認めない見方で大きな差はみられず，総じて国民の間でも格差に対する捉え方が分かれていることが理解できる．なお，格差対策としての所得再分配に関する問いについては，これを是認する回答が約6割あるものの，反対の回答も3割強に及んでいることが注目される．

格差には，その程度が大き過ぎることや拡大していることへの懸念が示される一方，格差がまったくない，あるいは極端に小さい社会を望ましいと感じるか，格差を抑えるためには大きな負担も容認するかといった点については個人の価値観にも左右されるため，政策的な対応にも難しさが伴うことになる．

所得格差や不平等に関する認識の国際比較

続いて，「格差感」の各国比較を見ておきたい．この種の調査は国を越えて統一的に実施される必要があるため，事例が限られる．ここでは，時期が少し

図表 13-3 不平等についての認識の国際比較

	(自国の社会のタイプを「不平等な社会」と答えた割合，%)		
	1999 年	2009 年	増減
ブルガリア	93	91	-2
ハンガリー	87	89	2
ロシア	90	75	-15
イタリア	―	75	―
中国	―	69	―
フランス	64	69	5
スペイン	45	58	13
米国	50	56	6
英国	―	56	―
韓国	―	54	―
ドイツ	42	51	9
日本	39　拡大➡	50	11
オーストラリア	42	35	-7
スウェーデン	36	30	-6
ノルウェー	14	13	-1

（注）　1999 年の調査を実施していない場合「―」としている．
　　　　ドイツは旧西ドイツ地域．
（資料）　図表 13-2 と同じ

前になるが，NHK 放送文化研究所の調査を取り上げる．

　まず，「自国の所得の格差は大きすぎるか」との質問への回答を国際比較したものが**図表 13-2** である．これをみると，ハンガリー，イタリア，ロシア等で格差の過大さを認める回答が多く，反対に北欧諸国や米国では少ない．Ⅰ章の考察では，米国は実態としての格差が大きいと結論付けられているが，格差が「大きすぎる」と感じる人の割合は相対的に大きくはないようだ．そして日本は，所得格差に対する認識が相対的に小さい方のグループに入る．

　次に，自国を「不平等な社会」とみるかについての回答を比べたのが**図表 13-3** である．**図表 13-2** と同様に，ハンガリー，イタリア，ロシアなどで自国を不平等と見る向きが多い．一方，北欧諸国や日本は不平等との回答割合が相対的に小さく，米欧の主要国が中間的なポジションに位置する．日本について気掛かりなのは，1999 年と 2009 年の比較で不平等と捉える見方が強まっていることだ．両調査年間のポイント差は，他国との対比でも明らかに大きい．

# 14

縮小する中間層

> **POINT**
> - 世帯の年収階級別の分布からは，日本の家計において高所得世帯の割合が低下し，低所得世帯の割合が上昇する傾向が確認できる．この傾向は，勤労世帯のみに限定した場合も同様に見られる．
> - 1980年代半ばと比べ，近年は中間層に該当する人の割合が低下している．さらに1990年代末以降は，全体的な所得水準の低下により，中間層の縮小がより強く意識されるようになった．
> - ただし今のところ，日本の中流意識は大きく損なわれていない．その背景として，高所得層も含めて世帯の年収が全体に下方シフトしていることにより，中流の基準自体が低下している可能性が考えられる．

指摘される中間層の疲弊

バブル崩壊後の長期的な経済の低迷は，家族の経済的基盤を揺るがした．図表14-1は総務省「家計調査」より，2人以上の勤労者世帯の総収入，同世帯の世帯主の勤め先収入，世帯主の配偶者女性の勤め先収入の推移を見たものだ（いずれも月額平均）．

これによると，2人以上の勤労者世帯の税込収入は1997年の月59.5万円をピークに減少傾向にあり，2015年には月52.6万円となった．世帯主の勤め先収入は世帯の税込収入とほぼ連動しており，1997年の48.7万円から2015年の41.4万円まで低下した．

一方，世帯主の配偶者女性の勤め先収入は1997年の5.6万円から2015年の6.4万円へと緩やかな上昇にとどまった．このデータからは，過去20年近く続いた勤労者世帯の収入低迷が，世帯主の賃金減少と世帯主の配偶者女性の賃金

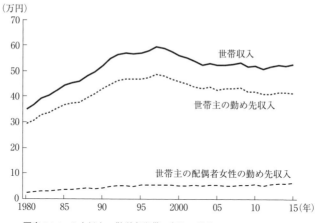

図表 14-1　2人以上の勤労者世帯の収入の推移
(注)　2人以上の勤労者世帯(非農林漁業世帯)．税込収入．
(資料)　総務省「家計調査(各年版)」より，みずほ総合研究所作成

の伸び悩みによって生じたことが読み取れる．

世帯収入の分布は下方にシフト

　このように家計の平均収入は長期的に低下しているが，その分布はどのように変化してきたのだろうか．これに関し図表 14-2 は，総務省「全国消費実態調査」に基づいて総世帯の年収階級別の構成比を 1994 年と 2014 年で比べたものだ．総世帯とは勤労者世帯と非勤労者世帯を合計した全ての世帯のことである．

　これによると 1994 年の時点では，年収 600 万円以上 800 万円未満の世帯の割合が最も高く，総世帯はこの年収階級をピークとする山を描いて分布していた．一方，2014 年について見ると，年収 600 万円以上 800 万円未満及びそれ以上の年収階級の世帯割合が 1994 年と比べて低下した反面，主に年収 400 万円未満の世帯割合が上昇している．この結果，2014 年の世帯年収階級別分布は年収 300 万円以上 400 万円未満と年収 600 万円以上 800 万円未満の2つのピークを持つ形状へ変化した．

　ただしこうした変化は，年金収入で暮らす高齢者世帯の増加により生じている可能性がある．厚生労働省「国民生活基礎調査(2015 年)」によれば，公的年

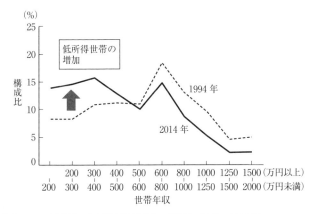

図表14-2　総世帯の年収階級別構成比の状況(1994年, 2014年)
(注)　総世帯は勤労者世帯及び非勤労者世帯の合計.
(資料)　総務省「全国消費実態調査(1994年, 2014年)」より, みずほ総合研究所作成

金・恩給を受給する高齢者世帯の約9割は年間所得が500万円未満である. 高齢者世帯の増加が世帯の年収階級別の分布に影響を及ぼしている可能性は十分考えられる.

そこで図表14-3の通り, 勤労者世帯のみを取り出して年収階級別の構成比をみると, 1994年と比べて2014年には年収600万円以上800万円未満及びそれ以上の年収階級の世帯割合が低下する一方, 主に年収500万円未満の世帯割合が上昇している. この結果, 2014年の世帯年収階級別分布は年収400万円以上500万円未満と年収600万円以上800万円未満の2つのピークを持つ形状へと変化している. 総世帯と比較すると, 勤労者世帯では年収400万円未満の世帯割合の上昇幅が小さい.

このように勤労者世帯の場合, 総世帯と比べて低所得世帯の構成比の上昇傾向が緩やかである. しかし, 勤労者世帯でも高所得世帯の割合が低下し, 年収500万円未満の世帯の構成比が上昇する形で, 収入階級別の分布が下方にシフトする傾向が生じていると言えよう.

厚みを増す低所得世帯

これまで見てきたような世帯収入階級の分布の変化により, 可処分所得も全

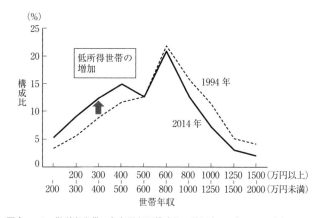

図表 14-3 勤労者世帯の年収階級別構成比の状況(1994年, 2014年)
(注) 勤労者世帯(総世帯のうち非勤労者世帯以外).
(資料) 総務省「全国消費実態調査(1994年, 2014年)」より, みずほ総合研究所作成

体に下方にシフトしている. **図表14-4**は厚生労働省「国民生活基礎調査」より, 等価可処分所得の中央値(1人あたり可処分所得の上位50%と下位50%を分ける所得水準)の推移を見たものである. 等価可処分所得とは世帯規模を考慮した1人あたり可処分所得を指す. これによると, 等価可処分所得の中央値は1985年の216万円から1997年の297万円まで上昇を続けたが, その後は低下傾向にあり, 2012年には244万円となった.

なお, テーマ5では相対的貧困率が1985年(12.0%)より上昇基調にあり, 2012年に16.1%となったことを示した. 相対的貧困率とは等価可処分所得の中央値の半分(貧困ライン)未満の所得しか得ていない人の割合である(テーマ4). 等価可処分所得の中央値の低下と相対的貧困率の上昇が同時に生じている現状は, 日本の家計の所得に何が起きていることを意味するのだろうか.

現状で起きているのは, 1人あたり可処分所得がちょうど真ん中の人の所得水準(中央値), いわば標準的な生活に相当する所得が低下しつつ, さらに可処分所得の中央値以下の人(可処分所得が下位50%の人)の中でも, 特に低所得層(中央値の所得の半分未満の所得しか得ていない人)の割合が上昇していることを意味する. 全体的に所得が低下しつつ, 特に低所得層が膨張しているのが1997年以降の日本の家計の所得状況といえる.

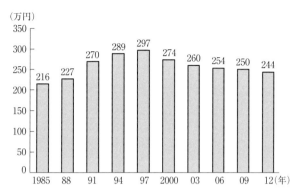

図表 14-4　等価可処分所得の中央値の推移
(注)　等価可処分所得とは世帯人員規模の差を調整した1人あたり可処分所得であり，世帯可処分所得を世帯人員の平方根で割ることで求められる．
(資料)　厚生労働省「国民生活基礎調査(2013年)」より，みずほ総合研究所作成

縮小する中間層

これまで見てきた変化は，中間層にどのような影響を与えたのだろうか．これに関し早稲田大学の篠崎武久教授は，厚生労働省「国民生活基礎調査」の公表データをもとに，低所得層・中間層・高所得層の割合の推移を推計している(図表14-5)．篠崎教授は1985年の等価可処分所得の中央値を基準とし，中央値の0.75倍以上中央値の1.67倍未満を中間層，中央値の0.75倍未満を低所得層，中央値の1.67倍以上を高所得層と定義した上で，低所得層の人，中間層の人，高所得層の人の割合の推移を算出している．1985年の等価可処分所得の中央値を基準としているのは，等価可処分所得の中央値が変化することによって中間層として定義される所得の範囲が変わることを避け，ある一定の時点を基準に低所得層，中間層，高所得層のシェアを見るためである．

これによると，中間層の割合は1985年の57.4%から2000年の49.6%まで低下したのち，横ばいで推移している．この期間のうち1985年から1997年にかけては中間層の割合が57.4%から50.7%まで6.7%ポイント低下しているが，同時に低所得層の割合も28.9%から22.4%まで6.5%ポイント低下し，その分高所得層の割合が13.7%から26.9%まで13.2%ポイント上昇している．

一方，1997年から2012年にかけては，中間層の割合は50.7%から50.5%

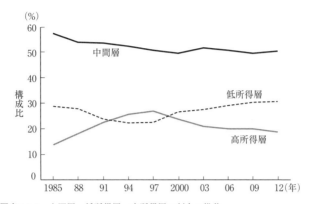

図表 14-5　中間層，低所得層，高所得層の割合の推移
(注)　中間層に該当する所得の範囲を1985年の等価可処分所得の中央値の75%〜167%に固定した場合の中間層及び低・高所得層の構成比をみたもの．
(資料)　篠崎武久(2015)「所得の観点から見た中間層の把握の方法について」『人文社会科学研究』(第55巻, pp.199-216)より，みずほ総合研究所作成

へと横ばいで推移したものの，高所得層の割合が26.9%から18.8%へ8.1%ポイント低下し，低所得層の割合が22.4%から30.7%へ8.3%ポイント上昇している．篠崎教授は1985年から1997年までは中間層が縮小しているものの，全体的に所得水準が上昇していたため認知されにくかった一方で，1997年以降は全体的に所得水準が低下する中で中間層の割合が低い水準で推移し，低所得層の割合が上昇したため，中間層の縮小がより強く認知された可能性があると指摘している．

この指摘は，2000年代に入り政策の場で中間層の経済状況を改善する必要性が盛んに指摘されるようになったことと整合的だ．例えば，民主党政権時代に設置された「社会保障改革に関する有識者検討会」は，2010年12月に取りまとめた報告書で，社会保障の機能強化により中間層の活力回復を実現する必要性を指摘した．

最近では2016年9月27日に開催された政府の働き方改革実現会議の第1回会合で，安倍首相が中間層の厚みを増し，消費や家族形成を支える改革の必要性を指摘した．このような指摘は，実際の中間層の割合の変化に基づくものというより，全体的な所得水準の低下，特に経済的に不安定な状況に置かれる層が増えることへの社会の懸念に基づいていると考えるべきであろう．

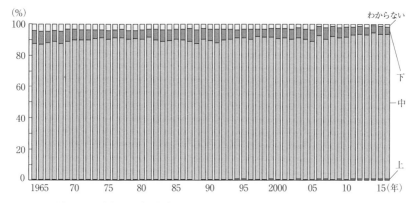

図表 14-6 自身の生活の程度についての認識
(注) 「お宅の生活の程度は、世間一般からみて、どうですか」という質問への回答割合.
(資料) 内閣府「国民生活に関する世論調査(2016年度)」より、みずほ総合研究所作成

中流の基準も低下している可能性

　これまで見てきた変化は、日本人の中流意識にどのような影響を与えているのだろうか。よく知られているように、日本は戦後の高度経済成長の過程で、国民の間に「一億総中流」という認識が広がった。総理府(現在の内閣府)による「国民生活に関する世論調査」には「お宅の生活の程度は、世間一般からみて、どうですか」という質問項目がある。この質問に「中の上」、「中の中」、「中の下」のいずれかと回答した人の割合は1970年代に9割を超え、今日もその状況が続いている(**図表14-6**)。戦後日本で中流意識が高まった背景としては、所得向上、社会保障の充実、普通選挙の確立、新しくて便利な耐久財の普及等の影響があったと指摘される.

　これまで見てきた家計の所得分布の変化は、今のところ日本人の中流意識を大きく損なってはいない模様である。**図表14-7**では「国民生活に関する世論調査」から自らの生活の程度を「中の上」、「中の中」、「中の下」と回答した人の割合をみている。これによると1990年頃と比べて近年は「中の下」と回答した人の割合が低下しており、自身の生活の程度を「中」と答えた人の中でより下位の生活を意識する人が増える様子はみられない.

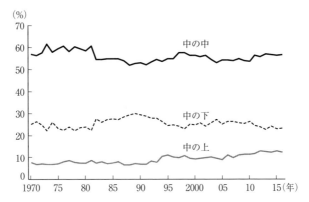

図表 14-7 自身の生活の程度を「中」と回答する人の中身
(注)　「お宅の生活の程度は，世間一般からみて，どうですか」という質問へ
の回答割合．分母は回答者全体．
(資料)　内閣府「国民生活に関する世論調査(2016年度)」より，みずほ総合
研究所作成

この背景として考えられるのは，世帯全体の低所得化により中流(世間並みの生活水準)の基準自体が低下している可能性である．また経済状況の厳しい世帯の状況が報道等で取り上げられる機会が増えるなか，自身の状況を「よりましなもの」と評価しやすい状況が生じている可能性も考えられる．

急がれる中間層の再生

これまで見てきたように，日本では高所得世帯の割合が低下し，低所得層の割合が上昇している結果として，中間層が縮小している．高所得世帯に所得が集中するのではなく，世帯の収入・所得分布が全体に下方にシフトしている結果として，自らの生活を「中程度」と認識する人が社会の大多数を占める状況は変わっていない．つまり現在の日本は「みなが貧しくなる」ことにより，経済格差による社会の分断が最小限にとどめられているとも言える．

しかしながら，労働力の供給や消費活動を支える中間層が縮小を続ければ，日本経済の長期的な活力も更なる低下をしかねない．雇用・賃金政策，社会保障政策，教育政策など幅広い面から，中間層の再生に取り組んでいくことが急務である．

15

高所得者層・富裕層の実態

---POINT---
- 所得2,000万円超の申告納税者数は，2010年から2015年にかけて増加傾向にあり2015年は29万人となった．このうち，所得1億円超は1.7万人である．
- 所得2,000万円超の給与所得者数は，2013年以降増加しており2015年は22万人となった．企業規模が大きいほど平均給与は高いが，2,500万円超の給与所得者の割合は10〜99人の企業で高い．
- 貯蓄残高が2,000万円以上の世帯は全体の3割である．また，預金額1億円以上の口座数は2010年以降増加している．ただし，日本は欧米諸国と比較して超富裕層は少ない．

高所得ラインは低下傾向

　日本において，高所得者とはどのくらいの所得者を指すのか．高所得者に関する明確な定義はないが，ここではOECDの基準で「貧困ライン」がその国の1人あたり所得の中央値の半分に相当する所得水準とされていることを参考に，「高所得ライン」を1人あたり所得の中央値の2倍に相当する所得水準とする．なお，1人あたり所得とは，等価可処分所得(世帯の所得から税金・社会保険料等を除いたいわゆる手取り収入を世帯人員の平方根で割って算出したもの)である(テーマ4).

　厚生労働省「国民生活基礎調査」によると，2012年の1人あたり所得の中央値は244万円であるため，高所得ラインを中央値の2倍とすればその所得水準は年488万円である(図表15-1)．1人あたり所得が488万円とすれば，4人世帯では488万円×$\sqrt{4}$ = 976万円となる．

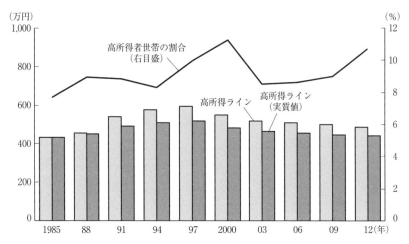

図表 15-1　高所得ラインと高所得者世帯の割合
（注）　高所得ラインは等価可処分所得の中央値の2倍に相当する所得水準とした．
　　　高所得者世帯の割合は，世帯人員数別に高所得ライン以上の世帯可処分所得の水準を求め，世帯人員別・可処分所得階級別世帯数の分布に基づいて推計した．
　　　実質値は1985年を基準とした消費者物価指数（持家の帰属家賃を除く総合指数（2010年基準））で実質化したもの．
（資料）　厚生労働省「国民生活基礎調査(各年版)」より，みずほ総合研究所作成

　高所得ラインの推移をみると，1985年から1997年までは徐々にその水準が上がっていたが，1997年の594万円をピークにその後は徐々に下っている．
　また，物価上昇分を考慮した高所得ラインの実質値(その年の等価可処分所得を1985年を基準とした消費者物価指数で調整した値)でみると，2012年は442万円であり，1980年代の水準(1985年：432万円，1988年：452万円)とほとんど変わらない水準となっている(図表15-1)．

高所得者の割合は近年やや上昇

　所得水準が高所得ライン以上の世帯を「高所得者世帯」とし，その割合の推移をみると，1985年から94年までは7〜8％台で推移していたが，1997年に10.0％，2000年には11.2％まで上昇した．その後，2003年に8.5％と大きく低下したが，2006年以降は再び上昇に転じており，2012年は10.7％となった(図表15-1)．

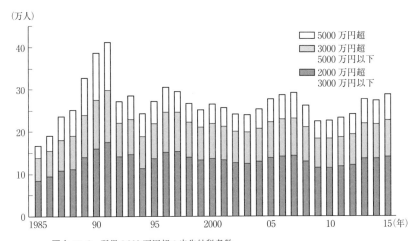

図表 15-2　所得 2,000 万円超の申告納税者数
(資料)　国税庁「申告所得税標本調査(各年版)」より，みずほ総合研究所作成

所得 2,000 万円超の申告納税者数は増加傾向

　国税庁は毎年「申告所得税標本調査」を実施している．調査の対象は毎年の所得税について翌年 3 月 31 日までに申告または処理した者のうち，6 月 30 日現在において申告納税額がある「申告納税者」のみである．したがって，所得金額があっても申告納税額がない者，例えば還付申告書を提出した者等は調査対象にはなっていない．

　同調査によると，2015 年の申告納税者数は 633 万人である．給与所得者については，給与の年間収入金額が 2,000 万円を超える人等が確定申告の対象であることから，申告納税者数のうち年間収入金額が 2,000 万円を超える申告納税者数の推移をみると，80 年代後半から 91 年までは急増しており，91 年には 40 万人を超えた．その後はおおむね 20 万人台で増減を繰り返している．直近では，2009 年の 22.5 万人を底に 2010 年に再び増加に転じており，2015 年には 28.9 万人となっている(図表 15-2)．

　なお，2015 年の所得 2,000 万円超の申告納税者 28.9 万人のうち，所得 5,000 万円超が 6.1 万人，所得 1 億円超が 1.7 万人である．所得 1 億円超の申告納税者数については，2006 年から 1 万人台で推移していたが 2009 年に 1 万人を割

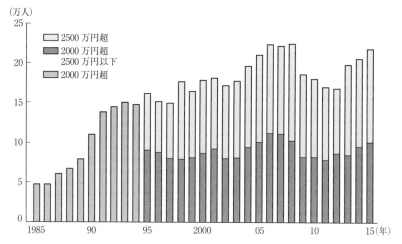

図表15-3 所得2,000万円超の給与所得者数
(注) 1年を通じて勤務した給与所得者.
(資料) 国税庁「民間給与実態統計調査(各年版)」より,みずほ総合研究所作成

り込んだ. その後, 2010年には増加に転じ, 2013年には1.6万人, 2014年には1.5万人, 2015年には1.7万人とリーマンショック(2008年)前の水準まで増加した.

所得2,000万円超の給与所得者数は増加

国税庁の「民間給与実態統計調査」では,従業員1人以上の事業所の給与所得者の実態がわかる. この調査は,毎年12月31日現在の源泉徴収義務者(民間の事業所)に勤務している給与所得者(非正規を含む従業員と役員)が対象であり,所得税が非課税の給与所得者も調査の対象となっている.

同調査により, 2,000万円超の給与所得者数の推移をみると, 1980年代後半から2008年まではおおむね増加基調であった. その後2009年から2012年までは減少が続いたが, 2013年以降は再び増加しており, 2015年は21.8万人となった(図表15-3). これは, 22万人台だった2006～2008年の水準に近づいている. また, 2015年の2,000万円超の給与所得者の内訳は, 2,500万円以下が10.1万人, 2,500万円超が11.7万人となっている.

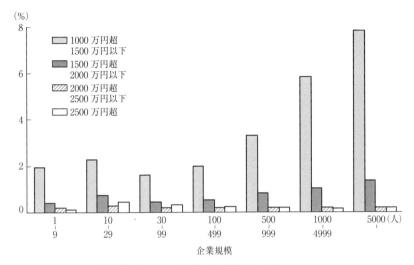

図表 15-4 企業規模別の 1,000 万円超の給与所得者の割合
(注) 1 年を通じて勤務した給与所得者.
(資料) 国税庁「民間給与実態統計調査(2015 年)」より,みずほ総合研究所作成

中小企業の方が高額給与所得者の割合が高い

次に,国税庁「民間給与実態統計調査(2015 年)」により企業規模別に高額給与所得者の割合をみていく.まず,給与所得 2,000 万円超 2,500 万円以下の者については,企業規模にかかわらず 0.2% 程度となっておりほとんど差はない.一方,給与所得 2,500 万円超の者については,従業員数 10〜29 人の企業や,30〜99 人の企業でその割合が高い.なお,給与所得 1,000 万円超 1,500 万円以下,1,500 万円超 2,000 万円以下の者については,おおむね企業規模が大きいほどその割合が高い傾向がある(**図表 15-4**).

また,平均給与額は企業規模が大きいほど高く,10〜29 人の企業では 386 万円であるが,30〜99 人の企業は 391 万円,100〜499 人の企業は 422 万円,500〜999 人の企業は 471 万円,1,000〜4,999 人の企業は 492 万円,5,000 人以上の企業では 503 万円となっている.

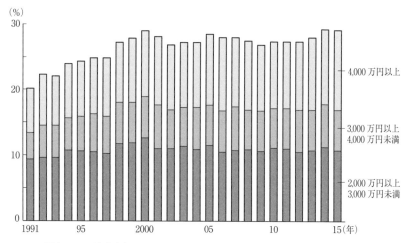

図表 15-5 貯蓄残高 2,000 万円以上の世帯数割合
(注) 2人以上世帯．91〜00 年は貯蓄動向調査で各年末，01 年は家計調査で 02 年 1 月 1 日，02 年以降は家計調査で年平均．
(資料) 総務省「家計調査(各年版)」「貯蓄動向調査(各年版)」より，みずほ総合研究所作成

貯蓄残高 2,000 万円以上の世帯は 3 割弱

　総務省「家計調査」「貯蓄動向調査」によると，2 人以上の世帯で貯蓄残高 2,000 万円以上の世帯の割合は，1998 年以降 20% 台後半で推移している．2015 年時点では，貯蓄残高 2,000 万円以上の世帯の割合は 29.1% であるが，その内訳をみると貯蓄残高 2,000 万円以上 3,000 万円未満の世帯の割合は 10.8%，3,000 万円以上 4,000 万円未満の世帯の割合は 6.2%，4,000 万円以上の世帯の割合は 12.1% となっている．貯蓄残高 4,000 万円以上の世帯の割合は 2012 年以降は上昇が続いている(図表 15-5)．

預金額 1 億円以上の口座数は増加

　富裕層について明確な定義はないが，金融資産 1 億円以上を保有する人を富裕層ということが多い．前出の「家計調査」では，貯蓄残高 4,000 万円以上の内訳が分からないが，金融広報中央委員会(事務局は日本銀行情報サービス局内)の「家計の金融行動に関する世論調査(2 人以上世帯調査)」によると，金融資産

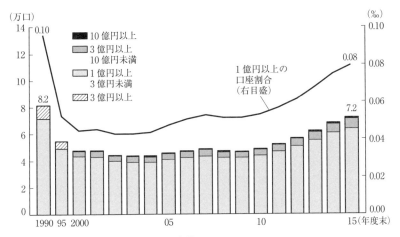

図表15-6　預金額1億円以上の口座数
(注)　国内銀行と信用金庫の合計．折れ線グラフは，全口座に占める1億円以上の口座の割合．
(資料)　日本銀行「預金・貸出関連統計(各年版)」より，みずほ総合研究所作成

保有額が1億円以上の世帯の割合が分かる．同調査によると，金融資産保有額1億円以上の世帯割合は，2012年時点では0.7％で，その後2013年1.0％，2014年1.1％，2015年1.3％と上昇が続いていたが，2016年は0.5％と落ち込んだ(各年6～7月調査)．

また，日本銀行の「預金・貸出関連統計」では，預金額が1億円以上の個人口座数が分かる．ただし，口座数であるため，1人で複数の口座を保有している場合もあることから，預金額1億円以上の保有者数とは異なる．

ここでは，国内銀行と信用金庫について預金額が1億円以上の個人口座数をみていく．預金額1億円以上の個人口座数は，2009年度末時点で4.2万口であったが，2010年度末以降徐々に増加しており，2015年度末時点で7.2万口となった(図表15-6)．このうち，1億円以上3億円未満が6.4万口，3億円以上10億円未満が0.7万口，10億円以上が0.1万口である．いずれも2010年度末以降，徐々に増加している．

また，全口座に占める預金額1億円以上の口座の割合をみると，口座数の増加と同様に，2010年度以降徐々に上昇している．ただし，その割合は小さく，2015年度末時点で0.08‰にとどまっている(図表15-6)．

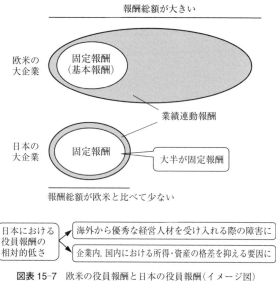

図表 15-7　欧米の役員報酬と日本の役員報酬(イメージ図)
(資料)　各種資料，報道等より，みずほ総合研究所作成

日本は欧米諸国と比べて富裕層が少ない

　日本は，欧米諸国と比較して超富裕層が少ないと言われている．The World Top Incomes Database によると，所得が上位 1% の家計に集中する割合は，米国が 17.5%(2013 年)，英国が 12.7%(2012 年)であるのに対し，日本は 9.5%(2010 年)となっており，英米と比較して富の集中度は相対的に低い．

　この背景には，大企業等の役員報酬の違いが挙げられる．欧米諸国では，高額の役員報酬を得ている大企業等の役員が富裕層の一角を形成しているが，日本は欧米企業と比較して業績に連動する報酬が低い企業が多いことから，欧米企業と比較して相対的に報酬総額が少ない(**図表 15-7**)．

　これは，海外から優秀な経営人材を受け入れる際の障害になっているとの指摘があるが，一方で企業内，国内における所得・資産の格差を抑制する要因にもなっている．

16

高齢者層の格差

> **POINT**
> - 高齢者世帯の平均所得は，世帯主 30〜50 歳代の世帯の平均所得を下回るが，1 人あたりの所得でみるとあまり変わらない．ただし，高齢者世帯は世代内の所得格差が大きい．
> - 高齢者世帯の所得の内訳をみると，公的年金が総所得の約 7 割を占める．総所得に占める公的年金の割合が高いのは，総じて所得が低い世帯であり，所得が高い世帯は稼働所得の割合が高い．
> - 高齢者世帯は資産格差も大きい．世帯主が 60 歳以上の世帯で貯蓄現在高が 3,000 万円以上の世帯は全体の約 4 分の 1 を占める一方で，100 万円未満の世帯も 8％ 存在する．

高齢者世帯の所得状況

世帯主の年齢階級別に平均所得を比較すると，高齢者世帯の所得は全体の平均を下回る．

厚生労働省の「国民生活基礎調査(2015 年)」によると，世帯主の年齢階級別の 1 世帯あたりの平均所得金額は，多くの企業で定年年齢が 60 歳とされているなか，その直前となる 50〜59 歳が 768.1 万円と最も高い．世帯主が 60〜69 歳の世帯の平均所得金額は 525.8 万円，70 歳以上の世帯では 386.7 万円まで低下する(**図表 16-1**)．

なお，世帯人員 1 人あたりの平均所得金額をみると，世帯主が 50〜59 歳の世帯が 262.4 万円と最も高いことは変わりない．ただし，高齢者世帯は平均世帯人員が少ないことから世帯主 60〜69 歳の世帯の 1 人あたりの平均所得金額は 217.9 万円，70 歳以上の世帯が 183.8 万円と 29 歳以下(176.4 万円)，30〜39

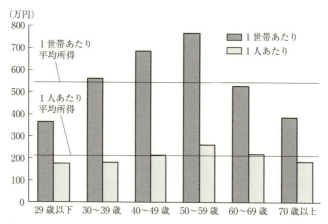

図表 16-1 世帯主の年齢階級別にみた平均所得金額
(資料) 厚生労働省「国民生活基礎調査(2015年)」より,みずほ総合研究所作成

歳(178.8万円)の世帯よりは多く,全体の平均211万円と大きく変わらない(図表 16-1).

一般世帯と比べて所得格差が大きい高齢者世帯

　高齢者世帯の特徴としては,世代内の格差が大きいことが挙げられる.ここでは,厚生労働省の「所得再分配調査(2014年)」により,高齢者世帯と一般世帯の所得格差を比較する.なお,同調査による高齢者世帯とは65歳以上の者のみで構成されるか,またはこれに18歳未満の未婚の者が加わった世帯である.一般世帯は,高齢者世帯,母子世帯,父子世帯以外の世帯のことで,同調査では「その他の世帯」と記載されている.

　まず,当初所得の格差をみていく.当初所得とは,雇用者所得(賃金等),事業所得(事業を営んでいる人のその事業から生ずる所得),財産所得(利子所得等)や,私的給付(仕送り,企業年金,生命保険金等)等の合計額であり,公的年金等の社会保障給付は含まない.当初所得のジニ係数(0に近づくほど格差が小さく,1に近づくほど格差が大きいことを表す.詳細はテーマ2参照)は,高齢者世帯が0.8弱,一般世帯が0.4強であり,高齢者世帯の格差が非常に大きい.

　ただし,当初所得から税金,社会保険料を控除し,社会保障給付(現金,現物

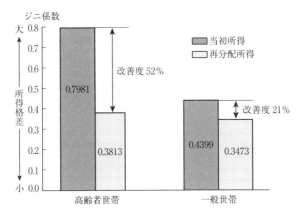

図表 16-2　一般世帯より所得格差が大きい高齢者世帯
(注)　2013 年の状況の調査．一般世帯は，高齢者世帯，母子世帯，父子世帯以外の世帯．
(資料)　厚生労働省「所得再分配調査(2014 年)」より，みずほ総合研究所作成

給付)を加えた再分配所得でみると，高齢者世帯は再分配による格差改善度が52% と大きくジニ係数は0.4弱まで低下する．一方，一般世帯の改善度は21% でジニ係数は0.3強となる(**図表 16-2**)．再分配所得でみると，高齢者世帯と一般世帯のジニ係数の差は当初所得より大きく縮小するものの，それでもなお一般世帯より高齢者世帯の所得格差の方が大きい．

高齢者世帯の所得格差が大きい理由

高齢期の格差が大きい理由としては，いくつかの要因がある．まず，60歳定年を定める企業が多いなかで，60歳で退職して賃金がなくなる人がいる一方で，60歳以降も働き続ける人がいるため，それ以前の世代と比較して賃金収入の差が拡大することが挙げられる．

厚生労働省「就労条件総合調査(2015 年)」によると，定年制を定めていない企業は1割弱あるが，9割以上の企業で定年制を定めており，そのうち約8割が60歳定年となっている．原則として希望者全員が65歳まで働くことができるように企業に義務付けられているが，60歳でいったん定年となり，その後は再雇用など継続雇用制度で働き，賃金水準が低下する例が多い．一方で，65歳定年企業等で60歳以降もそれまでと同様に働く人もいる．また，同様の働

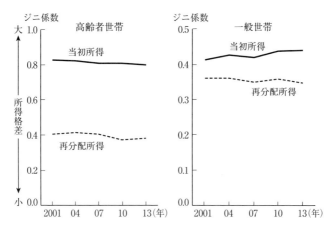

図表16-3 高齢者世帯の所得格差は縮小傾向
(注) 一般世帯は,高齢者世帯,母子世帯,父子世帯以外の世帯.
(資料) 厚生労働省「所得再分配調査(各年版)」より,みずほ総合研究所作成

き方をしていても,一般的に年齢が上がるとともにそれまでの稼得能力の差が反映されて賃金差が大きくなるという特徴もある.

高齢者世帯の所得格差は縮小へ

高齢者世帯の所得格差は,他の世代と比べて大きいものの,徐々に格差が縮小しつつある.前出の「所得再分配調査」は3年ごとに実施されているが,同調査により2001年から2013年までのジニ係数の推移をみると,高齢者世帯は当初所得,再分配所得ともにおおむね格差が縮小している(**図表16-3左**).特に,2010年以降は再分配による格差改善度が大きくなっているが,これは主に社会保障給付による改善度が大きくなったことによる.

なお,一般世帯については当初所得の格差はおおむね拡大している.ただし,再分配による格差改善度が徐々に大きくなっていることから,再分配所得の格差は横ばいまたはやや縮小している(**図表16-3右**).

高齢者世帯の所得の構成割合

厚生労働省の「国民生活基礎調査(2015年)」によると,高齢者世帯(65歳以上の者のみで構成するか,またはこれに18歳未満の未婚の者が加わった世帯)の平均所

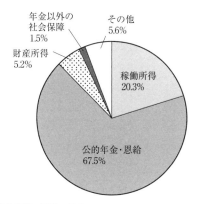

図表 16-4 高齢者世帯の所得の構成
(注) 四捨五入の関係で合計が 100% にならない.
(資料) 厚生労働省「国民生活基礎調査(2015 年)」より,みずほ総合研究所作成

得金額は 297.3 万円である.この内訳をみると,「公的年金・恩給」が 200.6 万円(総所得の 67.5%)で最も多く,次いで「稼働所得」60.2 万円(同 20.3%)となっている(図表 16-4).なお,総所得に占める「公的年金・恩給」の割合は,2010 年時点では 70% を超えていたが,このところやや低下している.

公的年金・恩給を受給している高齢者世帯のうち,「公的年金・恩給の総所得に占める割合が 100% の世帯」は 55.0% となっている.ただし,この割合も徐々に低下しつつあり,年金以外の収入の割合が増えている.

また,公的年金・恩給の割合が高いのは,総じて所得が低い世帯である.所得が高い世帯は稼働所得の割合が高い傾向がある.

有業者の有無で大きい所得格差

高齢者世帯のうち,有業者の有無の違いによる所得の差はどの程度あるのだろうか.

総務省の「全国消費実態調査(2014 年)」により,世帯主の年齢が 65〜69 歳,70〜74 歳,75 歳以上について,「有業者あり」の世帯と「有業者なし」の世帯の平均年間収入を比較した.まず,「有業者あり」の世帯の割合をみると,世帯主の年齢が 65〜69 歳では 48%,70〜74 歳は 30%,75 歳以上は 14% となっている.平均年間収入は,「有業者あり」の世帯はいずれも 600 万円台である

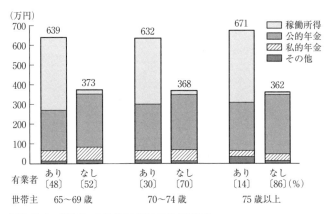

図表 16-5 高齢者の有業者有無別の平均年間収入
（注） 65歳以上の夫婦のみ世帯.〔 〕内は，各年齢階級別の有業者の有無の世帯割合.
（資料） 総務省「全国消費実態調査（2014年）」より，みずほ総合研究所作成

が，「有業者なし」の世帯は 300 万円台にとどまっている．

収入の内訳をみると，「有業者あり」の世帯は稼働所得が 50％ 台，公的年金の占める割合が 30％ 台となっているのに対し，「有業者なし」の世帯では公的年金の占める割合が 70～80％ 台と公的年金が収入の多くを占めている（**図表 16-5**）．

一億総活躍社会と高齢者雇用の促進

2015 年以降，安倍政権はだれもが活躍できる社会「一億総活躍社会」の実現を目指しており，2016 年にはその重要施策のひとつとして「高齢者の就労促進」を掲げている．65 歳以上の就業者は年々増加しており，2015 年時点で 730 万人，65 歳以上人口の 22％ を占めている．今後，65 歳以降の継続雇用延長や定年延長を行う企業に対する支援の拡充等により，65 歳以上の就業促進が実現し，65 歳以上の就業者が更に増加すれば，高齢者世帯全体の所得水準の向上が期待できる．

高齢者世帯の上位 20％ の貯蓄現在高は約 7,000 万円

所得格差より資産格差の方が大きいことはテーマ 6 で指摘したとおりである

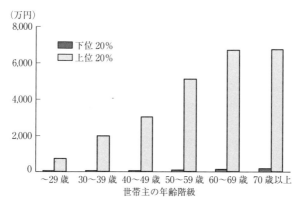

図表 16-6　世帯主の年齢階級別の上位 20% と下位 20% の平均貯蓄現在高
(注)　2 人以上世帯．1 世帯あたり．
(資料)　総務省「家計調査(2015 年)」より，みずほ総合研究所作成

が，高齢者世帯についても資産格差は大きい．

ここでは，総務省の「家計調査(2015 年)」により，世帯主の年齢階級別に貯蓄現在高の多い方から 20% に含まれる世帯と，少ない方から 20% に含まれる世帯の貯蓄現在高の平均を比較した．世帯主が 60 歳以上の世帯では上位 20% の世帯の平均貯蓄現在高が 7,000 万円弱に上る一方で，下位 20% の世帯の平均貯蓄現在高は 100 万円台にとどまっており，その差は大きい(図表 16-6)．

高齢者世帯では貯蓄現在高 3,000 万円以上が全体の 4 分の 1

高齢者世帯は貯蓄残高が多い世帯の割合が高い．

図表 16-7 は，総務省の「家計調査(2015 年)」により，2 人以上の世帯について，「全世帯」と「世帯主が 60 歳以上の世帯」の貯蓄現在高階級別の世帯分布をみたものである．世帯主が 60 歳以上の世帯は，全世帯平均と比較して貯蓄現在高が高い階級に広がった分布となっている．

例えば，世帯主が 60 歳以上の世帯で貯蓄現在高が 4,000 万円以上の世帯の割合は全体の 18.2% を占めており，全世帯における同 4,000 万円以上の世帯の割合 12.1% より高い．

また，世帯主が 60 歳以上の世帯については，貯蓄現在高 3,000 万円以上が全体の約 4 分の 1，同 2,500 万円以上が全体の約 3 分の 1 を占めている一方で，

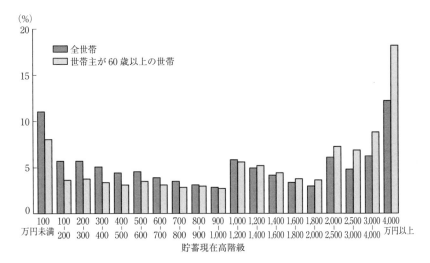

図表 16-7　貯蓄現在高階級別の世帯分布(2人以上世帯)
(資料)　総務省「家計調査(2015年)」より，みずほ総合研究所作成

同100万円未満の世帯が全体の8%存在する．貯蓄残高100万円未満の世帯の割合は2010年以降はおおむね6%台で推移していたが，2015年には8%へとやや拡大しており，高齢低貯蓄世帯の増加が懸念される．

17

高齢期の貧困

> **POINT**
> - 年齢階級別の相対的貧困率をみると若年期のほかに，高齢期に上昇する傾向がみられる．高齢期の所得の多くを占める公的年金の受給額の低さは高齢期の貧困をもたらす最大の要因である．
> - 65歳以上のいる世帯の中では，女性単独世帯で貧困リスクが高い．背景に，稼得収入が少ない(ない)こと，公的年金・恩給の受給額が相対的に低いこと等がある．
> - バブル崩壊後，生計を維持する立場の人の中にも非正社員が増加している．現役世代の低賃金が老後の低年金に結びつくことにより，今後，高齢期の貧困問題が拡大する懸念がある．

高齢期に上昇する貧困率

テーマ16で見たように，現役時代と比べて高齢期には所得格差が拡大する．しかし，格差拡大以上に問題が大きいのは高齢期に相対的貧困の状況に該当する人が増えることである．図表17-1は首都大学東京の阿部彩教授の分析に基づき，20歳以上の男女について性別・年齢階級別の相対的貧困率を示したものだ．これを見ると男性は20～24歳(21.8％)，70歳以上(15～17％)で相対的貧困率が高まる．一方女性は20～24歳(19.5％)，70歳以上(20％台半ば近辺)で同率が高まる．男女で若年期に加え，高齢期に貧困率が上昇する状況は共通しているが，高齢期における女性の貧困率は男性のそれを大きく上回っている．

総務省「人口推計」によれば，2012年10月1日時点で70歳以上の男性人口は924万人，女性人口は1,335万人であった．性別・年齢階級別人口と性別・年齢階級別の相対的貧困率に基づいて簡易的に計算すると，日本には

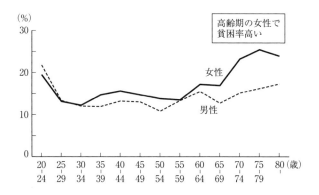

図表 17-1　性別・年齢階級別の相対的貧困率(2012年)
(注)　等価可処分所得(世帯規模を考慮した1人あたり可処分所得)が中央値の半分未満の人の割合.厚生労働省「国民生活基礎調査」の再集計によるもの.
(資料)　阿部彩(2015)「貧困率の長期的動向:国民生活基礎調査 1985~2012 を用いて」貧困統計ホームページより,みずほ総合研究所作成

2012年時点で相対的貧困の状況にある70歳以上の高齢者が500万人以上いたことになる.

低年金は老後の貧困の最大の要因

　高齢期に貧困に陥る最大の要因は,老後の所得の大部分を占める公的年金の受給額が低いことである.テーマ9で見たように公的年金は現役時代に加入していた年金制度,現役時代の所得水準や保険料納付期間に連動するため,現役時代に自営業や非正社員として働き,厚生年金に非加入だった場合,現役時代の所得が低かった場合や保険料の未納期間があった場合等は,老後に受け取る年金受給額が低くなる.

　なお,パート等の非正社員でも,週所定労働時間が30時間以上であれば厚生年金の加入が義務付けられる(2016年10月以降は,常時501人以上を雇用する事業所勤務,週所定労働時間が20時間以上等の要件を満たす労働者も厚生年金に加入).しかし,パート労働者の勤め先が複数にわたるために上記の要件に該当しなかった場合や,勤め先が厚生年金の適用事業所ではなかった場合(労働者5人未満の個人事業主等)は,将来受け取る年金は老齢基礎年金のみとなり,低年金となりやすい(テーマ9).

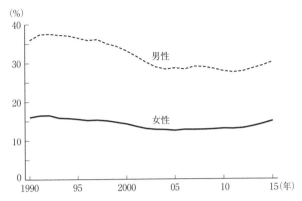

図表 17-2 65 歳以上の男女の就業率の推移
(注) 就業率＝就業者(農林業含む)／人口×100.
(資料) 総務省「労働力調査(各年版)」より，みずほ総合研究所作成

　ただし，公的年金の受給額が低くても，勤労収入や子世代からの支援(仕送り等の金銭的支援や三世代同居等)等がある場合は，一定の生活水準を確保しやすくなる．しかし，働く高齢者が増えているとはいえ，2015 年における 65 歳以上の就業率は男性で 30％，女性で 15％ であり，勤労収入がある 65 歳以上の高齢者は少数派だ(図表 17-2)．また，賃金低迷や不安定雇用の拡大など現役世代の経済状況は悪化しているほか，三世代同居世帯も急速に減少しているように，子世代からの支援を巡る状況も悪化している．

経済的困難度が高いと懸念されるのはどのような状況の高齢者か

　このように低年金，勤労収入が少ないこと(ないこと)，子世代からの支援が少ないこと(ないこと)は高齢期の貧困リスクを高める要因と言える．それではどのような状況の高齢者世帯で，高齢期の貧困リスクが集中しやすいと言えるのだろうか．

　結論を先に述べると，65 歳以上のいる世帯の中でも貧困リスクが高いのは女性単独世帯である．図表 17-3 は 65 歳以上のいる世帯の世帯構造別に平均所得とその内訳を見たものだ．これによると，女性単独世帯は公的年金・恩給額が平均 126 万円と少ないほか，稼働所得も同 21 万円にとどまり，総所得は同 168 万円と男性単独世帯の 4 分の 3 程度にとどまる．

17　高齢期の貧困　131

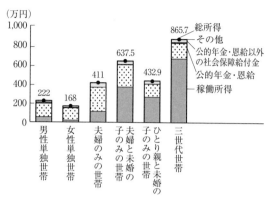

図表 17-3　65 歳以上のいる世帯の年間総所得と内訳(2014 年)
(注)　2014 年の実績．数字は総所得．
(資料)　厚生労働省「国民生活基礎調査(2015 年)」より、みずほ総合研究所作成

同じ調査によれば、女性単独世帯では平均有業人員は 0.2 人であり、勤労者のいない世帯が大多数を占める．加えて公的年金・恩給の受給額が少ないことが、この世帯の低所得の要因となっている．

ただし、65 歳以上のいる世帯の中には世帯全体の年間総所得は相対的に高くても、1 人あたりに直せば女性単独世帯と同様に貧困のリスクが高いケースが含まれている可能性がある．そこで、世帯人員の違いを考慮した上で、65 歳以上のいる世帯について「経済的困難度が高いと懸念される世帯」の割合を世帯構造別に推計すると(推計方法はテーマ 7 参照)、女性単独世帯や男性単独世帯、ひとり親と未婚の子のみの世帯で、他の世帯と比べて高い傾向にある(図表 17-4)．しかしその中でも、女性単独世帯では、経済的困難度が高いと懸念される世帯の割合が最も高い．

高齢の女性単独世帯で年金額が低い背景

なぜ女性単独世帯で年金受給額が低いのだろうか．最大の理由はテーマ 9 で見たように、女性で現役時代の賃金が低いことや勤続期間が短いことから、現役時代の所得水準や保険料納付期間等に連動する公的年金の受給額も低くなる傾向があることである．

しかし、女性単独世帯の中でも公的年金を巡る状況に違いが存在する．具体

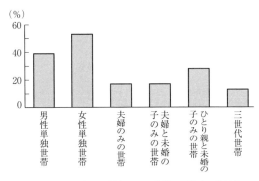

図表 17-4　経済的困難度が高いと懸念される世帯の割合(65歳以上のいる世帯)
(注)　「経済的困難度が高いと懸念される世帯割合」の推計方法はテーマ 7 参照.
(資料)　厚生労働省「国民生活基礎調査(2015年)」より,みずほ総合研究所作成

的には,未婚者(以下,未婚女性),夫と離別した女性(離別女性)等で低年金に陥りやすい状況にある.

　比較のために,会社員で厚生年金の加入者であった夫に扶養されていた65歳以上の女性のケースを考えよう.この女性の場合,夫の死亡後に一定の要件を満たす場合は自身の老齢基礎年金に加えて遺族厚生年金が支給される.

　これに対し,65歳以上の未婚・離別女性の場合,女性自身が厚生年金に非加入だった場合や厚生年金に加入していたが勤労収入が低かった場合は,低年金になりやすい.なお,2007年4月以降,離婚時に合意又は裁判手続きに基づき厚生年金を分割できる制度(合意分割制度)が,2008年5月以降は国民年金第3号被保険者(専業主婦等)だった者が請求した場合に,離婚時に厚生年金を分割できる制度(3号分割制度)が導入されている.しかし,この制度の利用は2014年度に合計2.2万件であり,同年度の離婚件数(22.8万件)の1割程度であるほか,分割された年金の月額は平均3万円程度(厚生労働省「厚生年金保険・国民年金事業の概況(2014年度)」)にとどまるように,現時点では十分な機能を発揮していない.

　このほか,国民年金第1号被保険者(自営業者等)だった夫と死別した65歳以上の女性の場合も,女性自身が厚生年金に非加入だった場合や加入していても勤労収入が低かった場合は,低年金となりやすい.

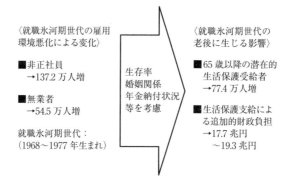

図表 17-5　就職氷河期世代の老後に関するシミュレーション
(注)　就職氷河期は1993年から概ね10年程度の期間を指すが,ここでは1968〜1977年生まれを就職氷河期世代と定義し,前の世代と比べた雇用環境悪化による影響を試算.
(資料)　辻明子(2008)「就職氷河期世代の老後に関するシミュレーション」総合研究開発機構『就職氷河期世代のきわどさ』より,みずほ総合研究所作成

高齢期の貧困は今後一層拡大する懸念

　今後は男女問わず高齢期に貧困に陥る人が増える懸念がある.テーマ7で見たように,男女を問わず非正社員の仕事に就く人が増えており,彼ら彼女らが高齢期に入った時に低年金になる状況が予想されるためである.

　総合研究開発機構『就職氷河期世代のきわどさ』(2008年)は,就職氷河期(1993年から10年程度)の新卒採用市場悪化によって増加した非正社員及び無業者が老後に生活保護を受給した場合の追加的財政負担を試算している.この分析によると追加的財政負担は17.7〜19.3兆円に上る懸念があるという(**図表17-5**).

　高齢期の貧困問題は今現在の時点で大きな社会的問題であるだけでなく,将来一層悪化しかねない状況にある.雇用・所得安定化に向けた政策により,高齢期に貧困に陥るリスクのある人を減らしていくことが重要である.

18 子どもの貧困

> **POINT**
> - 子どもの貧困率に関わる統計は複数あるが，それぞれの特性を踏まえた判断が重要である．どの統計を用いても，日本で一定割合の子どもが標準的な生活を送ることが難しい状況にある事実は変わらない．
> - 日本の子どもの貧困率はOECD加盟国の中でも高く，特にひとり親世帯の子どもの相対的貧困率が高い．背景にひとり親の大多数を占める母子世帯の親が安定した就業機会を得にくい問題がある．
> - 子どもの貧困は子どもの学びの機会や将来の希望を損なうだけでなく，自己肯定感など困難に立ち向かう力を低下させることを通じて，貧困の固定化をもたらしている．

子どもの貧困率に関わる2つの統計

　子どもの貧困に対する社会的関心が高まっている．主要全国紙(日本経済新聞，朝日新聞，読売新聞，毎日新聞)を対象に「子どもの貧困」というキーワードで記事検索をかけると，該当件数は2011年の55件から2015年の507件へと急増している．

　子どもの貧困はどのような状況にあるのだろうか．図表18-1は厚生労働省「国民生活基礎調査」と総務省「全国消費実態調査」の2つの統計に基づいて，子どもの貧困率を示している．国民生活基礎調査における子どもの貧困率は一貫して10%を超えており，さらに上昇基調を維持している(2012年に16.3%を記録)．一方，全国消費実態調査における子どもの貧困率は10%を下回って推移しており，2014年に前回調査(2009年)から2%ポイントの低下(7.9%)となった．

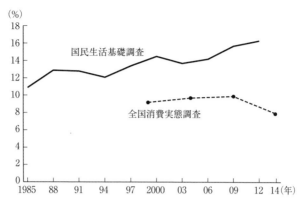

図表 18-1　子どもの相対的貧困率の推移
(注)　相対的貧困率の定義はテーマ 4 参照．
(資料)　厚生労働省「国民生活基礎調査」，総務省「全国消費実態調査」
　　　より，みずほ総合研究所作成

　2つの統計で子どもの貧困率の水準と方向感が異なる背景には統計のクセと調査年次の違いがある．統計のクセに関しては，生活保護行政等の基礎資料となる国民生活基礎調査では福祉事務所経由で調査が行われるため，低所得世帯の回答が多くなりやすい．一方，詳細な家計簿や所得・資産状況の報告が必要となる全国消費実態調査では，低所得者や高所得者の回答拒否により，中間所得層の回答が多くなりやすい．いずれの統計も絶対的に正しいということはなく，統計のクセを踏まえて総合的に判断すべきである．

　方向感の違いは，調査年次の違い(最新データは国民生活基礎調査で2012年，全国消費実態調査で2014年)によって生じている可能性がある．特に後者では，最低賃金の引上げ(テーマ21)や人手不足によるパート労働者の賃金上昇の影響が子どもの貧困率の低下という形で表れている可能性がある．国民生活基礎調査の最新データは2017年中に公表されるため，その結果が注目される．

　こうした統計の違いを踏まえた上で，以下では国民生活基礎調査のデータを使用する．子どもの貧困による問題の大きさを踏まえた場合，低所得世帯の動向を捉えやすいこの統計を用いることがより適切と考えられること，OECDの国際比較でこの統計によるデータが採用されていることが理由である．

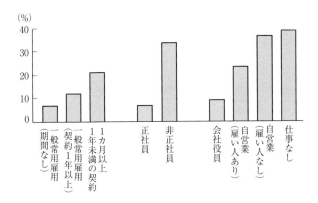

図表 18-2　父親の就労状況別・子どもの貧困率
(注)　厚生労働省「国民生活基礎調査(2013年)」の個票2次利用による分析.
2012年の所得実績に基づく結果.
(資料)　阿部彩(2014)「相対的貧困率の動向：2006, 2009, 2012年」貧困統計
ホームページより, みずほ総合研究所作成

子どもの貧困はなぜ拡大したのか

　子どもの貧困は，子どもを育てる現役世代の賃金や雇用の不安定化によって生じている(テーマ7).実際,親の就労により,子どもの貧困率は大きく異なることが明らかにされている.**図表 18-2**は厚生労働省「国民生活基礎調査」の再集計により,父親の就労状況別に子どもの貧困率を見たものだ.この分析を行った首都大学東京の阿部彩教授によれば,父親が一般常用雇用(雇用期間の定めなし)の場合に子どもの貧困率が最も低く,父親が被用者の中では契約期間が短いほど貧困率が高い.また,勤め先の呼称別に正社員と非正社員に分けると,非正社員の父親の子どもの貧困率は33％に上るほか,父親が自営業で雇い人なしの場合も貧困率が36％と高い傾向にある.

国際比較で見た日本の現状

　図表 18-3はOECD統計により,各国の子ども(0～17歳)の貧困率を比較したものだ.これによると,日本の子どもの貧困率は2010年近辺に14.6％であり,OECD加盟国の中では相対的に高い.なかでもひとり親世帯の相対的な貧困率は50.8％と,OECD加盟国の中で最も高い水準にある.

図表 18-3　子どもの相対的貧困率の国際比較

	貧困率(%)			
	子どもがいる世帯(※1)			親が働いている ひとり親世帯(※2)
	2010年頃			2013年
	全体	大人が 2人以上	大人が 1人	
デンマーク	3.0	2.6	9.3	5.6
フィンランド	3.7	3.0	11.4	6.8
ノルウェー	4.4	2.8	14.7	9.9
アイスランド	6.3	3.4	27.1	26.2
オーストリア	6.7	5.4	25.7	16.9
スウェーデン	6.9	4.3	18.6	10.9
ドイツ	7.1	2.6	34.0	23.8
オランダ	7.9	5.4	31.3	22.6
フランス	8.7	5.6	25.3	18.4
英国	9.2	7.9	16.9	4.8
アイルランド	9.7	8.3	19.5	2.1
ルクセンブルク	9.9	7.9	44.2	41.6
ニュージーランド	10.4	7.9	28.8	22.6
ベルギー	10.5	7.5	34.3	16.9
カナダ	11.9	9.3	39.8	27.4
オーストラリア	12.5	8.6	44.9	14.4
日本	14.6	12.7	50.8	50.9
イタリア	16.6	15.4	35.2	27.0
米国	18.6	15.2	45.0	31.1
スペイン	18.9	18.2	38.8	23.9
OECD平均	9.9	7.7	29.8	20.2

(注)　1. 本表中の貧困率は相対的貧困率を指す．OECD加盟国のうち，2010年時点の1人あたりGDP(購買力平価米ドル)が3万ドル以上，大人の人数別・子どもがいる世帯の相対的貧困率，親が働いているひとり親世帯の貧困率が入手できる国についてデータを掲載．OECD平均は本表掲載国の単純平均．
　　　2. 子どもがいる世帯(※1)は，世帯主が18歳以上65歳未満で17歳以下の子どもがいる世帯．同世帯の貧困率のうち，日本・ニュージーランド(2009年)を除き2010年のデータ．
　　　3. 親が働いているひとり親世帯(※2)は，0～14歳の子どもがいるひとり親世帯のうち，大人が就業している世帯(米国のみ0～17歳の子どもがいるひとり親世帯)．ニュージーランド(2006年)，オーストラリア(2011年)，デンマーク・フィンランド・スウェーデン(2012年)を除き2013年のデータ．
(資料)　OECD Family Databaseより，みずほ総合研究所作成

厚生労働省「全国母子世帯等調査(2011年度)」によれば，ひとり親世帯の9割が母子世帯であり，この母子世帯の親の就業率は81%に上る．一方，前出の図表18-3にあるように親が就業しているひとり親世帯の貧困率は日本で50.9%であり，OECD加盟国平均(20.2%)の2倍以上である．つまり，日本のひとり親は大多数が母子世帯であり働いているが，それにもかかわらず貧困から脱出しにくい状況に置かれていると言える．

働いても貧困率が高い日本の母子世帯

日本の母子世帯が働いても貧困を脱しにくい背景として，母子世帯の母親が非正社員として働くケースが多いことが挙げられる．厚生労働省「ひとり親家庭等の現状について(2015年4月)」によれば，雇用者として働く母子世帯の母親の約6割(57%)が非正社員である．母子世帯の母親の勤め先年収は平均181万円であるが，うち正社員は平均270万円であるのに対し，非正社員は平均125万円にとどまる．

母子世帯の母親の多くが非正社員の仕事に就いている理由の1つとして，育児などの負担から，長時間労働や休日出勤が難しいことがある．さらに，テーマ8で見たように特に女性で正社員として働く機会が縮小してきたことが影響している．

子どもの貧困は子どもの学力に影響

子どもの貧困の最大の問題は，それが様々な形で子どもの生涯に大きなマイナスの影響を及ぼすことだ．その顕著な例が，貧困が子どもの学習機会や進学の機会を制約する問題だ．

その1つの例が，親の年収による進学機会の格差だ．テーマ25で詳しく述べるように，日本では大学の授業料が国際的にも高く，同時に授業料や学生生活を支える奨学金等の制度の充実が遅れている．こうした状況が，親の経済力によって子どもの進学可能性が左右されている状況を生み出している．実際，東京大学が全国の高校3年生とその保護者を対象に行った追跡調査では，両親の年収が低いほど4年制大学への進学率が低いことが明らかにされている(図表18-4)．

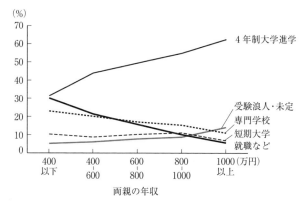

図表 18-4 両親の年収別に見た高校生の進路
(注) 1. 両親の年収は父母それぞれの税込み年収に基づく．
2. 「就職など」には就職進学，アルバイト，留学，家業手伝い，家事手伝い・主婦，その他を含む．
(資料) 東京大学大学院教育学研究科大学経営・政策研究センター(2007)「高校生の進路追跡調査 第1次報告書」より，みずほ総合研究所作成

　子どもが置かれる厳しい経済状況が，子どもの自己肯定感や将来の希望，そして健康を損なう問題も指摘されている．例えば大阪の公立学校の小学5年生と中学2年生，その保護者を対象に行われた調査(「大阪子ども調査(2012年)」)では，相対的貧困に該当する子どもは将来の夢が「ない」と答える割合がより高く，自己肯定感も低いことが明らかにされている．

　前出の阿部彩教授は，この調査の分析に基づき，貧困が学力やスポーツ等の能力低下というルートを通じて子どもの自尊心を損なうだけでなく，貧困であること自体が子どもの自尊心低下の原因となっていると指摘している．

　こうした状況に対し，国や地方自治体が教育支援を拡充しつつある．国は2018年度より低所得世帯向けの給付型奨学金を本格的に導入する方針を固めたほか，東京都の小池百合子知事も2017年度より一定の所得制限の下で都内私立高校の授業料を実質無償化する方針を示している．加えて自民党内では高等教育の無償化に関わる議論も浮上しているとされる(テーマ25)．

　本節で見てきたように，日本では貧困が様々なルートを通じて子どもの学びの機会や将来の希望を損なっている．このような状況を克服するための一歩として，教育費に対する支援の拡充は最優先課題と言っていいだろう．

19

日本経済に与える影響

> **POINT**
> - 格差を巡る論議は，日本においても過去に何度か盛り上がりを見せた．経済成長率が上がり株価が上昇する局面では所得や資産の格差が拡大しやすくなり，格差論議が高まる傾向がみられる．
> - 格差が大きくなると，不安や不満の高まりから政治や社会の安定性を損なう可能性があるほか，需要サイド・供給サイド両面で中長期的な経済の成長力を引き下げる方向に作用するリスクがある．
> - 他方で，格差の全くない極端にフラットな社会を目指そうとすると，向上意欲や就業意欲が低下するといった弊害を生じかねない．格差の許容範囲をいかに見出すかという難しさがある．

成長率や株価が高まると格差論議が強まる傾向

　本節では，格差問題を日本経済との関係において考察する．格差は，社会的な不安や不満を増大させ，時に政治的な動揺を引き起こすが，経済との関係でみるとより複雑である．例えば，格差は一国の経済成長にとってマイナスなのか，あるいはプラスの要素もあるのか．また，因果関係を逆に取ると，経済活動が停滞すると格差が拡大するのか，それとも経済が堅調になると格差が意識されるようになるのか．以下では，これまでの日本経済の歩みも振り返りつつ，格差が経済に及ぼす影響について整理を試みたい．

　第2次安倍政権が発足した2012年12月以降，格差への関心が高まっているように見える．この間にフランスの経済学者トマ・ピケティ氏が著した『21世紀の資本』が格差を論じて世界的ベストセラーとなったことも影響していようが，各国においても日本においても，この大部の専門書を受け入れる素地，

図表19-1 繰り返される日本の格差論議

時期	格差に関わる論議	政策的対応
1960〜70年代 高度成長期	大都市圏と地方圏の経済,所得の格差	国土の均衡ある発展 地域産業振興
1980年代後半 バブル期	株価上昇,地価高騰の中での資産を持つ人と持たない人の格差	金融引き締め 地価抑制策
2000年代半ば 小泉・安倍政権期	構造改革の下での所得や雇用の格差 (非正規雇用の増加)	再チャレンジ政策
2010年代半ば 第2次安倍政権期	アベノミクスの下での所得や雇用,地域の格差	賃上げによる好循環形成 地方創生,働き方改革

(資料) みずほ総合研究所作成

すなわち格差に関する認識の高まりがあったことは間違いない.わが国では,発足直後の安倍政権が金融政策,財政政策,成長戦略の「3本の矢」から成る「アベノミクス」を打ち出し,デフレからの脱却への期待感が高まった頃から,格差を巡る議論が盛んになったように受け止められる.

わが国における格差論議の盛り上がりは,今回が初めてのことではない.1960年代から70年代にかけては高度成長期に当たり,経済が力強く拡大している中で大都市圏と地方圏の間の経済・所得格差が問題視された(**図表19-1**).工場等の立地が進み発展する大都市と,取り残される地方という構図だ.これに対しては,「国土の均衡ある発展」のスローガンの下,地方へのインフラ整備や地域産業振興が展開された.

次は,1980年代後半のいわゆる「バブル期」である.この時期は円高に対処するために金融緩和が維持されたこと等を背景に,株式市場や不動産市場に資金が流れ込んだ.株価が高値を付け,地価が急騰したことで,株や不動産といった資産を持つ者と持たない者との間で資産格差が大きなものとなった.その火消しのための引き締め策が,後の長期にわたる経済停滞の一因となった.

バブル崩壊後の低迷からの立て直しを狙って構造改革に注力したのが,2000年代の小泉政権である.同政権が推進した民営化や規制緩和が好感され,株価が持ち直す等の効果も現れた.しかし一方で,自由化の下での勝者と敗者の明暗,増加する非正規雇用を巡って再び格差論議が持ち上がった.その対策として打ち出されたのが第1次安倍政権の「再チャレンジ政策」であったが,効果

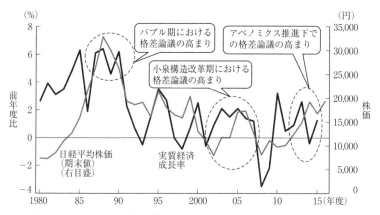

図表19-2 実質経済成長率・株価の推移と格差論議
(注) 1. 実質経済成長率は，2005年度基準．なお，統計の基準年変更のため，1980年前後，1995年前後で連続しない．
2. 株価の直近は2016年12月21日終値．
(資料) 内閣府「国民経済計算」等より，みずほ総合研究所作成

が現れる間もなくリーマンショックの荒波に揉まれることとなった．

　以上の回顧も踏まえつつ，わが国の経済成長率と株価の推移を再確認すると，成長率が上がり，株価が上昇した時期に格差論議が強まる傾向があることが認められる(図表19-2)．景気が復調・拡大する局面では，所得の改善ペースにも差が付きやすくなり，また資産の多寡により格差も広がる．第2次安倍政権のアベノミクスにおいても，こうした事象が表出している面があろう．

格差の拡大は中長期の経済成長率を押し下げるリスクに

　しかし，だからと言って格差の拡大を放置してよいということにはならない．大き過ぎる格差は，とくに中長期で見て経済にダメージを及ぼすことになると考えられる．

　この点について整理したのが，図表19-3である．まず，格差の拡大によって社会的な不安や不満が増大すると，政治や社会秩序に混乱を生む可能性がある．政治・社会の安定性を損なうことは，当然ながら経済活動にもマイナスとなろう．次に，中間層のシフトダウンや貧困層の増加は，消費や住宅投資の需要を減退させ，少子化の要因ともなる．これらは，需要サイドから成長力を引

図表 19-3　格差の拡大が経済・社会に及ぼす影響
（資料）　みずほ総合研究所作成

き下げる方向に作用する．また，格差が固定化すると人々の創意や努力へのモチベーションが弱まり，社会の流動性や活力が低下して，生産性が下がるリスクが生じる．これは，供給サイドからの成長力押し下げ要因となる．このように格差の拡大は，様々な経路で国民経済に悪影響を与えかねない．OECD が 2014 年に発表した先進諸国を対象とする分析でも，所得格差の拡大が中期の成長率に負の効果を及ぼすことが検証されている．

　他方で，格差の全くない極端にフラットな社会を目指そうとすれば，再分配のための負担増，人々の向上意欲・就業意欲の低下，人材や資産の海外流出といった弊害を生じかねない（前掲**図表 19-3**）．格差問題は，その均衡のポイントや許容範囲などを巡って，単純な解を見出しにくい一面を有している．

―― コラム③ ――

年金の繰下げ受給で最大42％年金増

　現役時代の働き方の違い等により，将来の年金額に格差が生じるが，受給開始を遅らせることで年金額を増やすことができる．

　老齢基礎年金は，原則として65歳から受給できるが，66歳以降に繰下げて受給すると，繰下げ1カ月につき年金額が0.7％生涯増額される．例えば，70歳0カ月から受給を開始すると，年金額は0.7％×60カ月＝42％増額される．なお，70歳以降の増額率は42％で一定である．

　反対に，60歳から65歳になるまでに繰上げて受給することもできる．繰上げて受給すると，繰上げ1カ月につき年金額が0.5％生涯減額される．60歳0カ月から受給開始すると，年金額は0.5％×60カ月＝30％減額される．

　2014年度末時点で，老齢基礎年金のみ（旧制度の受給者も含む）の受給者のうち，繰上げ受給者の割合は37.1％，繰下げ受給者の割合は1.3％と，繰下げ受給の選択者は少ない．2015年の65歳の平均余命は男性が19.46年（84.46歳），女性が24.31年（89.31歳）であるが，70歳から年金を受給した場合，税・社会保険料負担を考慮してもおおむね85歳以上まで生存すれば，65歳から受給するより生涯の年金総額は増加する．

図表　老齢基礎年金の繰上げ受給と繰下げ受給の年金増減率

繰上げ受給		繰下げ受給	
請求時の年齢	減額率（％）	請求時の年齢	増額率（％）
60歳0カ月〜60歳11カ月	30.0〜24.5	66歳0カ月〜66歳11カ月	8.4〜16.1
61歳0カ月〜61歳11カ月	24.0〜18.5	67歳0カ月〜67歳11カ月	16.8〜24.5
62歳0カ月〜62歳11カ月	18.0〜12.5	68歳0カ月〜68歳11カ月	25.2〜32.9
63歳0カ月〜63歳11カ月	12.0〜6.5	69歳0カ月〜69歳11カ月	33.6〜41.3
64歳0カ月〜64歳11カ月	6.0〜0.5	70歳0カ月〜	42.0

（注）　1941年4月1日以前生まれは増減率が異なる．繰上げ受給，繰下げ受給に関してはいくつか注意点もある．なお，老齢厚生年金については，繰上げ受給する場合には老齢基礎年金と同時に繰上げ受給し，繰下げ受給は1942年4月2日以降生まれの人等の一定の要件がある．詳細は日本年金機構ホームページを参照．
（資料）　日本年金機構ホームページより，みずほ総合研究所作成

IV
どのような政策が必要か

20

雇用に関する政策

> **POINT**
> - 国や地方は若者向けに多様な就労支援を実施している．また安倍政権は非正社員の待遇改善への取組みを加速する方針を打ち出している．しかし現状では，その支援が十分効果を発揮しているとは言えない．
> - 実際，現役世代の雇用の状況を見ると，不安定雇用の拡大に歯止めがかかったとは言えない．特に35～44歳の壮年非正社員の厳しい経済状況が懸念される．
> - 非正社員の雇用安定に関わる支援の強化が必要である．国と地方の若者就労支援拠点の連携強化や過重労働等の職場からの転職を支えるセーフティネットの充実等の取組みが求められる．

不安定雇用の拡大は社会全体のリスク要因

テーマ7で見たように，現職に就いている理由として「正社員の仕事がないから」を挙げている非正社員(不本意型非正社員)は2015年に315万人(非正社員の16%)に上った．属性別にみると，男性(25%)，未婚者(26%)，世帯主(21%)，25～34歳(24%)で相対的に不本意型非正社員の割合が高い(**図表20-1**)．

不本意型非正社員が300万人を超える状況は，社会全体にとっても大きなリスク要因である．本節では，こうした問題に対して雇用政策の面からどのような対応が必要かを考える．

厳しい状況に置かれる壮年非正社員

図表20-2は15～54歳の男性について年齢階級別の非正社員比率を見たものだ．15～54歳の男性を取り上げたのは，女性や高齢者の場合は雇用環境の改

図表 20-1　不本意型非正社員の割合
(%)

		男女計	男性	女性
総数		16	25	12
配偶関係別	未婚	**26**	**30**	**23**
	有配偶者	10	20	6
	死別・離婚	**22**	**29**	**20**
世帯主との続柄別	世帯主	**21**	22	**19**
	世帯主以外	12	**34**	9
年齢階級別	15〜24歳	12	15	10
	25〜34歳	**24**	**37**	**18**
	35〜44歳	**17**	**40**	12
	45〜54歳	16	**40**	12
	55〜64歳	16	25	10
	65歳以上	8	10	6

(注)　非正社員のうち現職に就いている理由として「正社員の仕事がないから」を挙げた人の割合．太字は総数(男女計)の平均を上回っていることを指す．
(資料)　総務省「労働力調査・詳細集計(2015年)」より，みずほ総合研究所作成

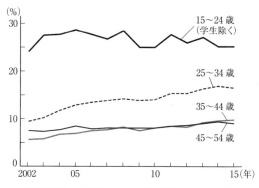

図表 20-2　年齢階級別・非正社員比率の推移(男性，15〜54歳)
(注)　非正社員比率は雇用者(役員を除く)に占める非正社員の割合．
(資料)　総務省「労働力調査・詳細集計(各年版)」より，みずほ総合研究所作成

図表 20-3　国・地方自治体による主な雇用安定化・能力開発支援

若者等に特化した就労支援	
ジョブカフェ	都道府県が主体的に運営する若者の就労支援をワンストップで行う施設(一部は都道府県の要望に応じハローワークを併設)
わかものハローワーク等	担当者制の個別支援，きめ細かな職業相談・紹介，指導を実施
能力開発・キャリア形成支援	
有期実習型訓練	能力形成機会が不足する非正社員等(新卒含む)に実践的な職業訓練(実習と座学の組み合わせによる訓練)を実施
実践型人材養成システム	新卒者を中心とした15歳以上45歳未満の者に実践的な職業訓練を行い，現場の中核人材を育成
中高年齢者雇用型訓練	直近2年間に正社員雇用されていない45歳以上65歳未満の者に実践的な職業訓練を実施
安定雇用への移行支援	
キャリアアップ助成金	非正社員の正社員転換，人材育成，処遇改善を行う企業に助成
トライアル雇用制度	常用雇用への移行を前提に原則3カ月間試行雇用する制度(試行雇用する企業に奨励金支給)

(注)　2016年11月時点で実施されている取組み.
(資料)　厚生労働省ホームページ等より，みずほ総合研究所作成

善による影響とそれ以外の要因による影響を識別しにくいためである.

本図表によると，15～24歳(学生を除く)の非正社員比率は2000年代半ば頃より低下しているが，25歳以上の各年齢階級の非正社員比率は2014年まで上昇基調にあった．2015年に25～34歳及び45～54歳の非正社員比率が低下しているが，これまでの上昇基調に明確な歯止めがかかったとは言えない.

なかでも壮年非正社員は厳しい状況に置かれている．労働政策研究・研修機構「壮年非正規雇用労働者の仕事と生活に関する研究(2015年)」によると，35～44歳の壮年非正社員(有配偶者を除く)は2014年時点で149万人に上り，若年(25～34歳)非正社員と比べて不本意な理由で非正社員に就いている者や，相対的に生活水準が低い者が多いという.

政府のこれまでの支援

こうした状況に対し，国や地方自治体も様々な取組みを行ってきた(図表20-3)．例えば，地方自治体は「ジョブカフェ」を設置し，様々な就労支援を行っている．また国はわかものハローワークの設置，非正社員の能力開発・キャリ

ア形成支援,安定雇用への移行支援に関わる制度を整備している.

労働ルールの面でも対応が進んでいる.例えば,労働契約法の改正により,2013年4月1日以降に締結した有期労働契約には無期転換ルールが適用されている.同ルールにより,同じ使用者と締結した2つ以上の有期労働契約の期間が通算5年を超える場合,労働者に無期雇用への転換申し込みを行う権利が発生し,労働者がこの申し込みを行った時点で無期労働契約が成立する.

正社員と非正社員の垣根を低くする取組みもある.日本では強い雇用保障と引き換えに働く時間や場所が無限定な正社員と,雇用保障は弱いが働く時間や場所を選択しやすい非正社員との間で労働市場が二極化しており,これが両者間の行き来を困難にしている.こうした状況から安倍政権は限定正社員(職種や働く場所,時間等を限定して働く無期雇用者)の普及を推進しており,優秀な非正社員を確保する手段として限定正社員制度を導入する企業も増えている.

正社員への転換支援

国や地方は今後,どのような形で取組みを強化していくべきだろうか.まず,既存の政策をより効果的に実施するための方策として,ジョブカフェとわかものハローワークの連携強化を行うことを求めたい.

ジョブカフェは働く希望や適性を見極めることや,社会人としての基礎的能力を強化することが必要な若者等に広く門戸を開き,カウンセリングやセミナー等の支援を行っている.一方,わかものハローワークは,ある程度目指す条件が明らかになっている非正社員等の若者を対象に職業相談・紹介,面接指導等を行っている(**図表20-4**).ともに重要な役割を担っているものの,両者の対象や支援の中身は異なっているため,効果的な支援を行う上ではジョブカフェとわかものハローワークの十分な連携が必要である.

しかし,その連携には更なる推進の余地がある.実際,2014年7月にみずほ総合研究所が行った調査によれば,当時のわかものハローワーク等62カ所(現在は64カ所)のうちジョブカフェと同一建物内にあるものは16カ所だった.求職者にとって適性や希望を見極め,能力を補い,それに適した求人を探して応募し,面接をこなし,就職先に定着するまでは見通しづらいプロセスである.特に非正社員の期間が長い求職者に対しては,両組織が密接に連携し,ワンス

図表20-4　わかものハローワーク(国)とジョブカフェ(地方)の違い

	［国］ わかものハローワーク	［都道府県］ ジョブカフェ
運営主体	厚生労働省 (都道府県労働局)	都道府県が主体的に運営 (県の総合就労支援拠点の一角，単独運営，民間委託，公労使の一体運営等)
設置数	全国28カ所(他に若者支援コーナーが36カ所，わかもの支援窓口が157カ所)	46都道府県
対象者	正社員を目指す若年者 (おおむね45歳以下)	学生を含む若者(都道府県によって対象年齢等にバリエーション)
主な目的	正社員を目指す若者への専門的支援	若者の働く能力向上と就職促進
支援内容	一律の支援内容 ・仕事探しに関する相談 ・担当者制の個別支援 ・就職後の定着支援　等	都道府県ごとの支援メニュー ・キャリアカウンセリング ・各種セミナー，面接指導 ・職業紹介(主に併設ハローワーク) ・就労体験事業 ・学校での出張相談 ・就職後のフォロー　等

(資料)　みずほ総合研究所作成

トップの支援を提供していくことが必要である．一部の都道府県でそうした支援が行われている例もあるが，今後は全国で同様の支援が行われることが期待される．

セーフティネットの充実

　前出の労働政策研究・研修機構の調査によれば，壮年非正社員の約半数が20歳代前半～半ばに正社員として働いた経験を持ち，非正社員に転じた理由として長時間労働・業務上疾病，理不尽な労働条件等を挙げる人が多い．過重労働等で心身の不調に至る前に離職し，安心して次の職場を探せるように支えることも，不本意型非正社員への転換を防ぐ上で重要である．

　現行の雇用保険制度では，倒産・解雇等による離職者(特定受給資格者)と比べ，正当な理由のない自己都合等の離職者は失業手当の給付が3カ月制限されるだけでなく，給付期間もより短いものとされている(図表20-5)．事業主が離職票の事業主記入欄に「過度な時間外労働等があった」旨を記入した場合は特定受給資格者に準じて扱われるが，事業主がそのように記入するとは限らない．

　なお離職者が，離職票の離職者記入欄に事情を書き，それが事業主の見解と

図表 20-5　受給資格別にみた失業手当の支給期間(2017 年 3 月現在)

特定受給資格者等	被保険者期間				
	1年未満	1年以上 5年未満	5年以上 10年未満	10年以上 20年未満	20年以上
30歳未満	90日	90日	120日	180日	-
30歳以上35歳未満			180日	210日	240日
35歳以上45歳未満				240日	270日
45歳以上60歳未満		180日	240日	270日	330日
60歳以上65歳未満		150日	180日	210日	240日
自己都合等の離職者	-	90日		120日	150日

(注)　特定受給資格者等は特定受給資格者(倒産,解雇等による離職者)及び特定理由離職者(雇止め,通勤困難,過重労働等の理由による離職者)を指す.自己都合等の離職者とは,特定受給資格者等もしくは障害者等の就職困難者以外の離職者を指す.
(資料)　厚生労働省ホームページ等より,みずほ総合研究所作成

異なる場合はタイムカードの記録を確認する等の対応もとられる.しかし,労働者がこのような制度・対応を知らなければ,あらかじめ記録をとっておいたり,行政の支援を求めることが難しいであろう.過度な時間外労働があった場合は解雇・倒産に準じて扱われる制度があることを労働者に周知していくことが必要である.

より長期的な課題として,失業時の所得保障や就労支援(セーフティネット)の拡充が必要である.日本のセーフティネットへの公的支出はGDP比0.4%と,OECD平均(同1.4%)の半分以下である.失業時の生活保障の弱さは,過重労働又は不安定雇用の職場からより良質な就業先への移行を困難にしている.

欧州各国は,失業時の生活安定と失業者の迅速な再就職を両立するためのセーフティネット改革に取り組んでいる.例えばドイツで2000年代前半に行われた労働市場改革(シュレーダー改革)では,過度に充実した失業時の給付制度を見直し,失業者の再就職意欲の向上に取り組むと同時に労働市場の規制改革による就業機会の拡充に取り組んだ.セーフティネットが脆弱な日本はドイツと必要な改革の方向が異なるものの,失業者の生活安定とより良い就業先への労働移動を促す改革が必要という点は一致している.過重労働や雇用の不安定化といった労働市場の問題克服に向け,日本も失業時のセーフティネットの抜本的な見直しに取り組むべきである.

21

賃金に関する政策

> **POINT**
> - 2000年代後半以降，最低賃金の着実な引き上げや正社員と非正社員の不合理な格差是正に関わる労働ルールの整備など，非正社員の待遇改善に関わる政策が推進されてきた．
> - 安倍政権が進める「働き方改革」では「非正社員の待遇改善」が柱の1つとされており，最低賃金の年3％程度の着実な引き上げや同一労働同一賃金の実現に向けた検討が盛り込まれている．
> - 働いて貧困を脱することのできる社会の実現には，最低賃金の引き上げに加え，同一労働同一賃金の推進，正社員への移行支援等の取り組みを総動員することが必要である．

非正社員の待遇をめぐる問題

バブル崩壊前は，非正社員と言えば主婦パートや学生アルバイトを意味した．主婦パートや学生アルバイトは夫や親の収入によって主に生活していると考えられ，その賃金の低さや雇用の不安定さが問題視される場面は少なかった．しかし，2015年の時点で非正社員は雇用者の約4割を占め，職場で基幹的業務に就く人，生計を担う立場にある人も珍しくなくなっている．こうしたなか非正社員の待遇改善が社会的な課題として浮上している．

この問題に対し，政府は一定の対応を行ってきた．その1つが，地域別最低賃金の引き上げである．地域別最低賃金は各都道府県ごとに定められ，使用者にその金額以上の賃金の支払いを義務付ける制度である．最低賃金法に従い，毎年秋頃に都道府県ごとに前年度からの改定が行われる．

経済の低迷等により，1999年度から2006年度までの改定は各年度5円（全国

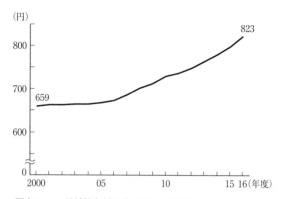

図表 21-1　最低賃金(全国加重平均,時給)の推移
(資料)　厚生労働省ホームページより,みずほ総合研究所作成

加重平均,時給)以内の引き上げにとどめられてきた．しかし,低賃金労働者の安全網として最低賃金の役割が重視されるようになったこと,一部の地域で地域別最低賃金で働く人の収入が生活保護の水準を下回る「逆転現象」が生じ,その解消が求められたことから,2007年度から2016年度にかけては年度平均15円(全国加重平均,時給)の着実な引き上げが行われている．特に2016年度は全国加重平均で時間あたり25円の引き上げとなり,全国加重平均,時間あたりで初の800円台(823円)となった(図表21-1).

これに加えて労働法の面からも非正社員の待遇改善に関わるルール整備が行われてきた(図表21-2)．例えば労働契約法では,同一の使用者と労働契約を締結して働く有期契約労働者と無期契約労働者の間で,期間の定めがあることを理由に不合理な労働条件の相違を設けることが禁止されている(第20条)．また,パートタイム労働法でも,事業主がパート労働者と通常の労働者との間で待遇の差を設ける場合は,その違いが職務の内容や人材活用の仕組み,その他の事情を考慮して不合理なものであってはならないとされているほか(第8条),特に通常の労働者と同視すべきパート労働者については,賃金の決定,教育訓練の実施,福利厚生施設の利用,その他全ての待遇について,通常の労働者と差別的な取扱いを行うことが禁止されている(第9条).

図表 21-2　非正社員の処遇に関わる主なルール

労働契約法		適用労働者
第20条	同一の使用者と労働契約を締結して働く有期契約労働者と無期契約労働者の間で，期間の定めがあることを理由に不合理に労働条件の相違を設けてはならない	約1,485万人程度
パートタイム労働法		適用労働者
第8条	事業主がパート労働者と通常の労働者との間で待遇の相違を設ける場合は，その違いが職務の内容(業務の内容や業務に伴う責任の程度)，人材活用の仕組み(職務の内容や配置の変更の程度)，その他の事情を考慮して不合理なものであってはならない	約943万人程度
第9条	通常の労働者と同視すべきパート労働者(※)については，賃金の決定，教育訓練の実施，福利厚生施設の利用，その他すべての待遇につき，通常の労働者と差別的な取扱いを行ってはならない	約32万人程度

（注）　通常の労働者と同視すべきパート労働者とは，職務の内容（業務の内容や業務に伴う責任の程度），人材活用の仕組み（転勤の有無およびその範囲，職務内容・配置の変更の有無およびその範囲）が通常の労働者（パートタイム労働者と同種の業務に従事する正社員）と同じ労働者．適用労働者は厚生労働省（2016）による．パート労働者は有期契約労働者と一部重複．
（資料）　厚生労働省「第1回 同一労働同一賃金の実現に向けた検討会 厚生労働省提出資料（2016年3月23日）」より，みずほ総合研究所作成

非正社員の待遇改善を目指す安倍政権

　しかし，テーマ7で見たように，正社員と非正社員の格差は依然大きいままである．そこで安倍政権は，非正社員の待遇改善に本格的に乗り出す姿勢を見せている．2016年6月2日に閣議決定された「ニッポン一億総活躍プラン」では，誰もが活躍できる一億総活躍社会を実現するための横断的課題として「働き方改革」が位置付けられ，柱の1つとして「非正規雇用労働者の待遇改善」が提示された．

　その具体策として政府が提示しているのが，最低賃金の着実な引き上げである．ニッポン一億総活躍プランでは，地域別最低賃金の年率3％程度の引き上げにより，全国加重平均で時給1,000円程度とする方針が示されている．図表21-3は最低賃金制度を設けている主要国について，フルタイム労働者の賃金の中央値に対する最低賃金の比率を見たものだ．日本の同比率は2015年に0.40であり，米国(0.36)やスペイン(0.37)と並んで低く，フランス(0.62)，オーストラリア(0.53)，英国(0.49)，ドイツ(0.48)と比べて低い傾向にある．

　仮にフルタイム労働者の賃金の中央値が2015年から変わらないとした場合，

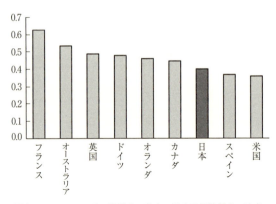

図表 21-3　フルタイム労働者の賃金に対する最低賃金の比率
(注)　フルタイム労働者の賃金は中央値．2015 年実績．
(資料)　OECD Statistics より，みずほ総合研究所作成

日本の同比率が英国・ドイツ・フランス並み(3 カ国平均で 0.53)となるためには最低賃金が時給 1,094 円となる必要がある．安倍政権の最低賃金の引き上げ方針(全国加重平均で時給 1,000 円程度)は，おおむね日本の最低賃金を他の先進国並みに引き上げることを意味していると言ってよいだろう．

同一労働同一賃金の推進も重要

　ただし，最低賃金の引き上げだけでは貧困からの本格的な脱出は難しい．仮に最低賃金が 1,000 円になったと仮定し，この賃金で働くフルタイム労働者(週 40 時間，年間 50 週就業)の年収を計算すると 200 万円となる．年収 200 万円のひとり親世帯(子どもは 3 歳以上 1 人と小学生 1 人，厚生年金・協会けんぽ加入，給与以外の収入なしを想定)について，税・社会保険料，所得控除，児童手当や児童扶養手当を考慮して可処分所得を概算すると 220 万円弱になる．この場合，等価可処分所得(世帯規模を考慮した 1 人あたり可処分所得)は 120 万円台半ばとなり，2012 年の貧困ライン(122 万円)とほぼ同じ水準となる．

　就業により貧困から本格的に脱出できるようにするためには，最低賃金の引き上げに加え，より良い仕事への移行支援(テーマ 20)，低所得者への税還付(テーマ 23)，低所得世帯への子育て支援の充実(テーマ 24)等に加え，非正社員全体の待遇改善に向けた取組みを一層強化する必要がある．

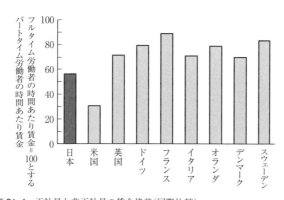

図表 21-4　正社員と非正社員の賃金格差(国際比較)
(注)　日本，米国，英国は 2014 年，それ以外は 2010 年．
(資料)　労働政策研究・研修機構「データブック国際労働比較 2016」より，
　　　みずほ総合研究所作成

　最後の点に関し，政府は 2016 年 12 月 20 日の働き方改革実現会議で，同一労働同一賃金の実現に向けたガイドライン案を提示した．同案は，現行法の下で，同一企業内の正社員と非正社員との間でどのような待遇差が認められ，または認められないのかを整理したものである．今後政府は，法改正に向けた立法作業や改正法案の国会審議を踏まえた上で，ガイドラインの最終確定を行う方向とされている．国際比較データによれば，日本の非正社員の時間あたり賃金は正社員の 6 割程度である(図表 21-4)．政府はこれを欧州並みの 7〜8 割へ引き上げることを目指している．

　しかしながら同一労働同一賃金もまた，正社員と非正社員の待遇格差を完全に解消する万能薬ではない．前述のガイドライン案では，職業経験・能力や勤続年数等に応じて基本給を支給する場合，これら要素が同一であれば同一の支給を，相違がある場合は相違に応じた支給をすることとされている．このように，職業経験や能力等の違いがあるうちは正社員と非正社員の格差は残り続ける．非正社員の待遇の本格的な底上げには，非正社員の能力開発の機会を増やすことや正社員への移行支援を充実することが重要である．

103 万円の壁・130 万円の壁の影響の検証

　なお，非正社員の待遇改善に向けては，女性の働き方に中立的でない税・社

会保障による影響，いわゆる「103万円の壁」「130万円の壁」の見直しも併せて行う必要がある．

103万円の壁とは，年収が103万円を超えると自身の所得税の非課税限度枠を超えるほか，夫の所得税における配偶者控除が適用されなくなることにより，配偶者のいる女性に年収103万円以下の範囲で働くインセンティブが生じる問題を指す．税制上の配慮(配偶者特別控除)により，妻の年収が103万円を超えても夫婦の可処分所得が減る問題はおおむね解消されているが，企業の配偶者手当制度が支給要件を配偶者控除に結びつけている場合が多いこともあり，就業調整を行う女性の中ではこの103万円を意識する人が少なくない．

年収130万円の壁とは，厚生年金や健康保険の被保険者の配偶者の年収が130万円以上になると，被扶養配偶者として保険料の負担なく保険給付を受けられる制度(コラム②参照)の対象外となり，配偶者の保険料負担が発生することを指す．なお，2016年10月からは週所定労働時間が20時間以上，企業規模501人以上の事業所，月所定内賃金が8.8万円以上等の要件を満たす労働者にも厚生年金・健康保険が適用されることになったが，この対象となる労働者は限定されている．

以上のような制度設計により，パート労働者の賃金上昇が抑制されてきた可能性が指摘されている．制度がない場合と比べて，必ずしも賃金上昇を望まない女性労働者の供給が増えること等から，パート労働者の賃金が上昇し難くなっているというのである．

2017年度税制改正により，2018年以降は配偶者特別控除が見直され，妻の年収が103万円を超えても，年収150万円以下までは引き続き38万円の所得控除が受けられることとなった(ただし，夫の年収が1,120万円以上の場合，年収に応じて配偶者控除及び配偶者特別控除は減額又は適用されなくなる)．しかし，このような制度改正が行われても，企業の配偶者手当や130万円の壁の見直しがなければ効果は薄いであろう．非正社員の労働条件の着実な改善に向けては，税や社会保障制度による壁がパート賃金に及ぼす影響を検証し，その結果に基づいて制度を見直していくことも重要であろう．

22

年金に関する政策

> **POINT**
> - 将来の低年金者数を抑制するには，厚生年金の加入者を増やすことが必要である．厚生年金の加入率が上昇しており，加入者数は徐々に増加しているが，正社員以外の労働者の加入率は 52.0% と低い．
> - 改正により，厚生年金の適用拡大が実施されたが，新たな加入者は 25 万人程度にとどまる．更なる適用拡大を進めていくことや，非正規雇用者の賃金水準の引き上げ等も必要である．
> - 公的年金の支給開始年齢の引き上げや給付水準の抑制が行われているなか，確定拠出年金をはじめとする私的年金の拡充による高齢期の収入確保も今後の課題である．

現在の低年金者等には給付金等で対応

　世帯の公的年金の額は，現役時代の職業，保険料の納付状況，世帯構成等により異なる．また，高齢者世帯の所得の 7 割弱が公的年金であるほか，所得が公的年金のみの高齢者世帯が全体の 5 割強となっており，高齢期の所得は公的年金に大きく左右される(テーマ 16)．

　既に年金を受給している世代については，低年金者や低所得者に対して給付金の支給等で対応するしかない．例えば，消費税率を 10% に引き上げる時には，所得が一定の基準を下回る年金受給者に最大で月額 5,000 円の「老齢年金生活者支援給付金」が支給される．また，生活保護の要件を満たせば，厚生労働大臣が定める基準で計算される最低生活費と収入の差額が保護費として支給される(テーマ 5)．

　本節では，将来の低年金者数を抑制するための現役世代に対する必要な施策

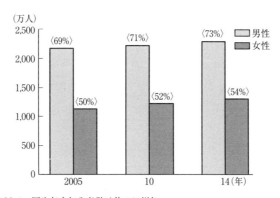

図表 22-1 厚生年金加入者数は徐々に増加
(注) 〈 〉内は雇用者数全体に占める厚生年金加入者数の割合.
(資料) 厚生労働省「厚生年金保険・国民年金事業の概況(各年版)」,総務省「労働力調査(各年版)」より,みずほ総合研究所作成

を考えてみたい.

現役世代の厚生年金加入率は上昇

公的年金額は,加入制度,賃金水準,加入期間(保険料納付期間)等により決まる.まず,加入する制度としては,国民年金のみに加入するかそれに上乗せして厚生年金にも加入するかにより年金額が大きく異なる.国民年金のみの加入であれば,20歳から60歳になるまで40年間加入して保険料を全納しても月額6.5万円(2016年度価格)だが,厚生年金に加入すれば賃金水準や加入期間に応じて年金額が上乗せされる.

厚生年金の加入要件は週労働時間が30時間以上であるが,2016年10月からは,従業員501人以上の企業で働く,①週所定労働時間20時間以上,②月額賃金8.8万円以上,③勤務期間1年以上の短時間労働者(学生を除く)も加入している.また,2017年4月からは,従業員500人以下の企業で働く短時間労働者も労使の合意に基づき企業単位で厚生年金に加入することができる.

雇用者のうち厚生年金に加入する人の割合を見ると,男女ともに上昇している.また,厚生年金の加入者数についても男女ともに徐々に増加している(図表 22-1).

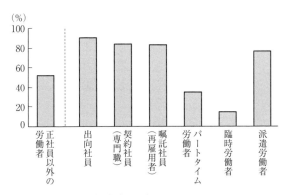

図表 22-2 正社員以外の厚生年金加入率
(注) 個人調査．
(資料) 厚生労働省「就業形態の多様化に関する総合実態調査(2014 年)」より，みずほ総合研究所作成

正社員以外の厚生年金加入率は約 5 割

厚生労働省「就業形態の多様化に関する総合実態調査(2014 年)」によると，正社員以外の労働者の厚生年金加入率は 5 割強である．雇用形態別にみると，出向社員，契約社員，嘱託社員，派遣労働者については加入率が 8～9 割程度と高いが，パートタイム労働者については 4 割弱，臨時労働者は 1 割強にとどまっている(図表 22-2)．

また，厚生労働省によると，週労働時間が 20 時間以上 30 時間未満の短時間労働者は約 400 万人いるが，このうち，2016 年 10 月の改正で新たに厚生年金に加入した短時間労働者は約 25 万人とみられている．この改正では，従業員 501 人以上の企業で働く短時間労働者のみが対象となっているが，仮に従業員数にかかわらず全ての企業が対象となれば，さらに約 50 万人が厚生年金に加入できる見通しである．また，月額賃金 8.8 万円以上という収入要件がなければ，さらに約 170 万人(従業員 500 人以下の企業で約 110 万人，501 人以上の企業で約 60 万人)の短時間労働者が厚生年金の加入対象となる(図表 22-3)．

雇用者(役員を除く)のうち非正規雇用者の占める割合は長期的に上昇しており，2015 年は 37.5% であった．通常，年金受給権を得る 65 歳以上を除いた 15 歳以上 64 歳以下でみても非正規雇用者の割合は 33.1% であり，雇用者の 3

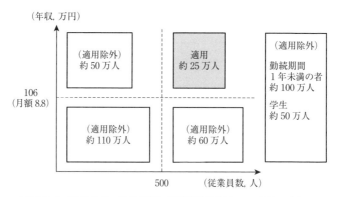

図表22-3 週20時間～週30時間の短時間労働者(約400万人)の内訳
(資料) 厚生労働省資料より，みずほ総合研究所作成

人に1人が非正規雇用である．また，非正規雇用のうち約半数が厚生年金加入率の低いパートタイム労働者であり，将来の低年金者数を抑制するためには，非正規雇用者に対する厚生年金の適用拡大をさらに進めていくことが必要であろう．

厚生年金の加入期間別の年金額

基礎年金の額は加入した期間に応じた額となるが，厚生年金の額は賃金と加入期間に応じた額となる．例えば，男性の平均賃金(平均標準報酬(賞与を含む年収÷12)＝42.8万円)で10年間厚生年金に加入すると，将来の厚生年金は月額2.3万円となり，基礎年金6.5万円と合わせて8.8万円となる(2016年度価格)．賃金が同じであれば将来の年金額は加入期間に比例するため，このケースで40年加入した場合の厚生年金は9.1万円，基礎年金と合わせて15.6万円となる(図表22-4)．

なお，この金額は，男性の平均賃金だった場合の年金額であるため，例えば賃金水準が平均賃金の半分であれば，厚生年金も半分になる(基礎年金は変わらない)．したがって，将来の年金を増加させるには，非正規雇用者の厚生年金の適用拡大を進めるとともに，非正規雇用者の賃金水準の引き上げ，労働時間を延ばすことによる収入増も必要である．

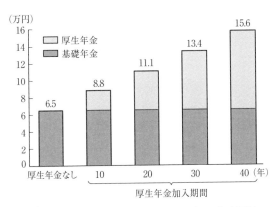

図表 22-4 厚生年金の加入期間別の年金額(2016 年度価格)
(注) 男性の平均賃金の場合.
(資料) 厚生労働省資料より,みずほ総合研究所作成

私的年金の拡充も重要

かつては,60 歳から厚生年金が支給されていたが,現在,支給開始年齢が引き上げられており,男性は 2025 年度以降,女性は 2030 年度以降,65 歳からの支給になる.また,現役世代の減少率や,平均余命の伸びに応じた給付水準の抑制も行われている.公的年金が縮小するなかで,高齢者の就業促進による稼働所得の確保が重要であるが,私的年金の拡充による高齢期の収入の確保も今後の課題である.

私的年金の拡充に関しては,2016 年に成立した確定拠出年金の改正法により,従業員 100 人以下の中小企業を対象に制度の拡充が実施されるほか,制度の加入対象者の大幅な拡大が実施されることとなった(**図表 22-5**).

確定拠出年金は,拠出した掛金を加入者が運用し,掛金とその運用益との合計額をもとに給付額が決まる制度である.企業が制度を導入し,その従業員が加入する「企業型年金」と,個人が任意に加入する「個人型年金」がある.

2016 年の改正により,従業員 100 人以下の企業を対象に設立手続き等を大幅に簡素化した「簡易企業型年金」が創設されるほか,個人型年金に加入する従業員に対して事業主が掛金を拠出する「個人型年金への小規模事業主掛金納付制度」が創設される.また,2017 年 1 月からは個人型年金の加入対象者が

図表 22-5 確定拠出年金の普及拡大のための改正（2016 年改正法）

概要	施行期日
事務負担等により企業年金の実施が困難な中小企業（従業員 100 人以下）を対象に，設立手続き等を大幅に緩和した『簡易企業型年金』を創設	公布日（2016 年 6 月 3 日）から 2 年以内
中小企業（従業員 100 人以下）に限り，個人型年金に加入する従業員の掛金拠出に追加して事業主拠出を可能とする制度を創設	
個人型年金について，専業主婦等や企業年金加入者（企業型年金加入者については規約に定めた場合に限る），公務員等も加入可能とする	2017 年 1 月 1 日

〔拠出限度額〕2017 年 12 月までは月単位（表中の年額の 12 分の 1）

自営業者等（国民年金第 1 号被保険者）	年 81.6 万円 ☆（国民年金基金等の掛金との合計）
専業主婦（国民年金第 3 号被保険者）	年 27.6 万円
会社員（企業年金未加入）	年 27.6 万円 ☆
会社員（企業年金加入）	年 24.0 万円または年 14.4 万円
公務員	年 14.4 万円

（注） 1．その他，運用に関する改正等もある．
　　　2．拠出限度額の☆印は改正前より加入対象．国民年金保険料の免除者等は加入不可．
（資料）　厚生労働省資料より，みずほ総合研究所作成

拡大されており，国民年金保険料の免除者等を除き基本的に 60 歳未満の全ての人が加入できるようになった．

確定拠出年金は，掛金は全額所得控除，運用益は非課税，給付時は一時金で受け取れば退職所得控除，年金で受け取れば公的年金等控除が適用となり，拠出，運用，給付の全ての段階で税負担が軽減される制度である．改正による更なる普及・拡大が期待されているが，拠出限度額が最も低い場合で年 14.4 万円となっており，本格的な普及促進には拠出限度額の拡大が不可欠である．

また，個人型年金の資格喪失年齢は現在 60 歳であるが，2015 年時点で 60〜64 歳の就業者数が 534 万人おり，政策的に高齢者の就労を促進していることを考えれば，資格喪失年齢の引き上げも検討課題である．

23

税制に関する対策

> **POINT**
> - 所得税の最高税率は45%(地方税を含めると55%)と高水準であることや,人の移動のグローバル化などを踏まえると,所得税における再分配機能の回復は,控除の仕組みの見直しを通じて実現すべきだ.
> - 日本では現在,高所得者ほど税負担の軽減効果が大きい「所得控除」方式が主流となっている.今後,所得水準にかかわらず税負担の軽減額が同じ「税額控除」方式の導入などを含めた検討が望まれる.
> - 近年,相続税が課税強化される一方,高齢者の保有資産の早期移転を促すために贈与税は逆に課税が緩和された.格差の固定化を防ぐ視点などから,引き続き相続税・贈与税のあり方の検討が求められる.

控除の見直しが求められる所得税

一般的に税制は,「財源調達機能」に加えて「再分配機能」を有すると説明される.ここでは,個人の所得あるいは資産の再分配に大きく関わる所得税と相続税・贈与税を取り上げ,そのあり方について考えてみたい.

日本の所得税は,所得の増加に応じて適用税率を累進的に増加させる超過累進税率を採用しており,これにより所得の多寡に応じた負担能力の違いを反映した税負担となっている.かつて1970年代頃には,最高所得税率が75%という時代もあったが,国民の勤労意欲を引き出すことなどを目的に,次第に最高税率が引き下げられ,2007年には40%となった.そして,2015年には,格差是正や所得再分配機能の回復の観点から,最高税率は45%に引き上げられ,現在に至っている(図表23-1).負担の構造をみると,5%の最低税率が適用される納税者が約6割を占め,8割以上の納税者が適用税率10%以下となって

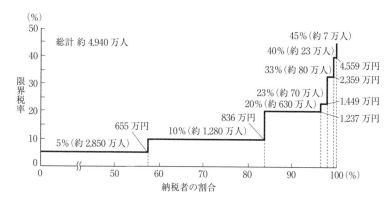

図表 23-1　所得税の納税者の分布
(注)　1. 2016 年度予算ベースの推計値に，給与所得控除の上限引き下げ(2017 年分以後：給与収入 1,000 万円で控除額 220 万円)を加味.
　　　2. 金額は，夫婦子 2 人(片働き)の給与所得者で子のうち 1 人が特定扶養親族 (19〜22 歳)，1 人が一般扶養親族(16〜18 歳，23〜69 歳)に該当する場合の給与収入金額.
(資料)　政府税制調査会資料

いる.

　日本の所得税の基本的な姿は以上のとおりだが，税制の中長期的なあり方について検討する政府税制調査会では近年，非正規雇用の増加等により所得格差が拡大していることなどを踏まえ，所得税の再分配機能を強化すべきという問題意識が高まっている．ただ，国と地方を合わせた所得課税の最高税率は 55% に達していることや，人の移動がグローバル化していることを考慮すると，最高税率を引き上げるよりも，むしろ所得税に係る控除の仕組みを見直すことで税負担の累進性を高める方が好ましいとの見解が支配的となっている．

　それでは，「控除の仕組みを見直す」とは具体的に何を意味するのか，それがどのような再分配効果を持つのかについて詳しく見ていくこととしたい．

税額控除などを通じた再分配機能の強化

　まず，所得税が計算されるプロセスを整理しておく．日本の所得課税制度では，所得の発生形態によって複数の所得分類(給与所得，譲渡所得，一時所得など)を設けており，それぞれの収入からまずは必要経費(サラリーマンの場合は給与所得控除)を差し引いて所得金額を計算する．そして，原則としてこれらの所

控除(課税されない額) 434万円					課税所得 266万円
給与所得控除 190万円	社会保険料控除	特定扶養控除 63万円 / 子のうち1人は特定扶養親族, 1人は16歳未満であると仮定 \	配偶者控除	基礎控除	266万円
	105万円		38万円	38万円	195万円×5％＋(266万円－195万円)×10％ ≒ 16.9万円 (所得税額)

図表 23-2 年収700万円のサラリーマン(夫婦子2人)の年収内訳
(注) 社会保険料は全額が控除されるが，ここでは収入900万円以下に係る社会保険料の割合を給与収入の15％として試算している．
(資料) 田原芳幸編著(2016)『図説 日本の税制 平成28年度版』財経詳報社

得金額を合計した金額から，基礎控除や配偶者控除，扶養控除といった人的控除等を差し引いて課税所得を算出する(図表23-2)．このように，所得額から一定の金額を差し引く控除のやり方を「所得控除」と称する．

　所得控除には，所得の高い人ほど税負担の軽減効果が大きいという特徴がある．例えば，基礎控除は，誰でも一律に所得から38万円を差し引くことができる控除であるが，それによる負担軽減効果は，適用される所得税率が20％である人であれば年7.6万円であるのに対し，5％の税率が適用される人は年1.9万円にとどまる．そのため，所得税の再分配機能を高める観点から，将来的にこの仕組みを改めるのが望ましいという意見が目立つようになってきている．

　より所得再分配効果の高い控除方法として代表的なのが「税額控除」である．これは，課税所得を算出する段階で控除される所得控除とは異なり，課税所得に税率を適用して計算された所得税額から一定額を差し引くものである．基本的に所得水準にかかわらず税負担の軽減額は同じなので，所得再分配効果がより高いと言える．

　ただ，所得税の負担がわずかであるか，あるいは全く負担していない低所得者の場合，税額控除の恩恵をフルに享受することができない．この問題を解消するためのアイデアとして近年提唱されているのが，控除し切れない部分を給

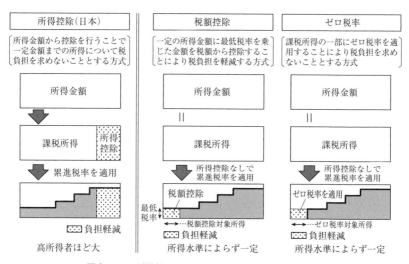

図表23-3　所得税に係る控除の仕組み
（資料）　政府税制調査会資料より，みずほ総合研究所作成

付するという措置を伴う「給付付き税額控除」である．

　諸外国では，就労支援や子育て支援を目的とする制度を補完する形で，給付付き税額控除が導入されているケースが目立つ．例えば，米国や英国では，低所得者に対して定額の社会保障給付が行われ，働けるのに働かないという問題が生じていたため，勤労を前提に所得に応じた給付を行う制度として，勤労所得税額控除（米国），勤労税額控除（英国）が導入されている．また，英国やカナダでは，複数の制度にまたがる育児支援策を効率化するため，これらを整理したうえで，児童税額控除（英国），児童手当（カナダ）が創設された．

　税額控除のほかにも，日本の所得控除方式に比べ，より累進的な税負担構造を実現できる方法がいくつか提唱されている（図表23-3）．例えば，一定の所得までは税率をゼロとする「ゼロ税率方式」は，税額控除と同様に，所得水準にかかわらず誰でも同額の税負担が軽減される．また，所得の増加に応じて所得控除額を低減・消失させ，高所得者の税負担軽減額を制限する方法もあり得る．

　2016年11月に政府税制調査会がまとめた「経済社会の構造変化を踏まえた税制のあり方に関する中間報告」は，所得再分配機能を回復するために現行の控除方式を見直す必要があるとした上で，採り得る選択肢として，税額控除，

① 基礎控除の引き下げ

② 税率構造の見直し

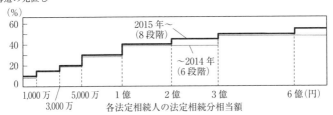

③ 未成年者控除・障害者控除の見直し

図表 23-4　近年の相続税の見直し（2013 年度税制改正）
（資料）　政府税制調査会資料より，みずほ総合研究所作成

ゼロ税率，低減・消失型の所得控除という 3 つを並列的に示している．

　安倍政権下では，所得税改革について「働き方の選択に中立的な税制」を構築するという目的が前面に押し出されてきたが，今後は，格差是正という観点も重視した議論が進められることが望まれる．

課税強化が図られた相続税と課税緩和が進められた贈与税

　ここまで，毎年発生するフローの所得に課される所得税のあり方について考察してきたが，続いて，ストックである金融資産や土地などの移転に対して課される相続税・贈与税を取り上げ，近年の制度改正のトレンドや今後の方向性について触れておきたい．

　相続税は，個人の死亡を原因として行われる資産の移転に対して課される税である．一方，贈与税は，相続税の回避を防ぐことを主な目的として，生前の贈与によって財産を取得した者に対して課される税であり，相続税を補完する役割を果たしている．

　相続税は，亡くなった被相続人の遺産額が一定の金額に達しなければ課税されない．従前は，この遺産に係る基礎控除額が「5,000 万円＋法定相続人 1 人

につき1,000万円」であったが，2013年度税制改正(2015年から適用)により，格差の固定化を防止する観点から「3,000万円＋法定相続人1人につき600万円」に引き下げられた(**図表23-4**).

　一方，贈与税については，高齢者層が保有する金融資産の有効活用を促して経済活性化につなげようという政策意図により，2000年代以降，相続の事実上の前倒しを認める「相続時精算課税制度」や，住宅取得資金，教育資金，結婚・子育て資金に関する時限的な「贈与税の非課税措置」が講じられてきた．このように，最近の流れとして，相続税の課税強化と，経済活性化の方策として贈与税の課税緩和が進められてきたと整理できる．

　政府税制調査会が2015年11月にとりまとめた「経済社会の構造変化を踏まえた税制のあり方に関する論点整理」は，今後の相続税・贈与税のあり方について，相続税強化を図った2013年度税制改正の影響をよく見極めながら検討していく必要があると述べた上で，考慮すべき視点として，以下の2点を挙げている．1つは，日本の充実した社会保障が高齢者の資産の維持・形成に寄与したことなどを踏まえると，被相続人が生涯にわたり社会から受けてきた給付を清算する観点から，相続税の対象のあり方を検討するとの考え方である．もう1つは，高齢者の保有資産の早期移転を促すために時限措置として設けられた贈与税の非課税措置について，格差の固定化につながりかねない面もあるとして，見直しを行っていくという考え方である．

　こうした視点も踏まえ，今後，相続税・贈与税が本来果たすべき「資産の再分配機能」を適切に確保できる形で制度の見直しが図られるよう期待したい．

24

子どもの貧困対策

> **POINT**
> - 子どもの貧困を放置した場合，子ども自身だけでなく社会全体にも大きな損失が生じる．子どもの貧困対策は日本社会全体の未来に対する投資と位置付けるべきである．
> - 2014年1月に子どもの貧困対策法が施行されたことを受けて，子どもの貧困の克服に向けた政府の取組みも進展しつつある．2016年8月にはひとり親世帯への児童扶養手当が拡充された．
> - しかし，困窮する世帯への経済的支援は金額面や支給方法の面で改善の余地がある．また，母子世帯のうち養育費を受給する世帯が2割にとどまることから，養育費の確保に関する政策も重要である．

子どもの貧困を放置することによる社会的損失

テーマ18で見たように子どもの貧困は子どもの学習や自尊心の育成などの幅広い機会を損い，貧困の連鎖を生み出している．こうした状況を放置する場合，子ども自身だけでなく社会全体にも大きな負の影響が生じかねない．

この点を明らかにしたのが日本財団「子どもの貧困の社会的損失推計レポート」である．この調査では子どもの貧困を放置した現状シナリオと進学率・就学率の格差が一定程度改善する改善シナリオを比較し，現状シナリオでは15歳時点で貧困状態にあった子どもが生涯得る所得の損失が2.9兆円，この子どもによる税・社会保障の純負担面での損失が1.1兆円に上ることが指摘されている（**図表24-1**）．この数値が1学年あたりの損失であることを踏まえると，子どもの貧困を放置することの社会的コストの大きさは極めて大きいと言わざるを得ない．

貧困状態にある子ども(15歳時点:18万人)

　　　　　　　　　19〜64歳に得る所得　　　税・社会保障の純負担

現状シナリオ
(子どもの貧困を
放置するケース)　　
22.6兆円　　　　5.7兆円

　　　　　　　↕ 差分2.9兆円の損失　　↕ 差分1.1兆円の損失

改善シナリオ
(進学率・就学率の
格差が一定程度改
善するケース)　25.5兆円　　　6.8兆円

図表24-1　子どもの貧困を放置することの社会的損失に関する推計
(注)　税・社会保障の純負担は15歳時点で貧困状態にあった子どもが19〜64歳で負担する税・社会保険料からこの子どもに支給される社会保障等(生活保護等)を差し引いたもの.
(資料)　日本財団「子どもの貧困の社会的損失推計レポート」(2015年12月) 図表45に,みずほ総合研究所が加筆して作成

これまでの子どもの貧困対策

政府も子どもの貧困対策に動き出した.2014年1月27日には「子どもの貧困対策法」が施行され,同年8月に子どもの貧困対策の基本方針をまとめた「子どもの貧困対策大綱」が閣議決定された.同大綱では当面の重点施策として,①教育支援,②生活支援,③保護者への就労支援,④経済的支援等の施策が示された(図表24-2).

さらに2015年12月には内閣総理大臣を会長とする「子どもの貧困対策会議」で「すべての子どもの安心と希望の実現プロジェクト(すくすくサポート・プロジェクト)」が取りまとめられ,このプロジェクトの下でひとり親家庭・多子世帯等の自立応援や児童虐待防止のための対策強化が進められている.

その具体的な成果として,2016年8月より児童扶養手当が拡充されたことが挙げられる.児童扶養手当は,ひとり親家庭等の生活安定と自立の促進を目的に支給される経済的支援で,父母が離婚や死亡した児童等を監護する父,母,その他養育者が一定の所得以下の場合に手当が支給される制度である.

2016年7月までの支給額は児童1人の場合で月額42,330円(一部支給の場合は9,990〜42,320円)のほか,児童2人以上の場合に2人目については5,000円,3

〈教育支援〉
- 学校をプラットフォームとした子どもの貧困対策の推進
- 教育費負担の軽減
- 学習支援の推進 等

〈生活支援〉
- 保護者の生活支援(自立支援)
- 子どもの生活支援
- 関係機関が連携した支援体制の整備
- 支援する人員の確保 等

〈保護者への就労支援〉
- ひとり親家庭の就労支援
- 生活困窮者や生活保護受給者への就労支援
- 保護者の学び直しの支援 等

〈経済的支援〉
- 児童扶養手当と公的年金の併給調整見直し
- ひとり親家庭の支援施策に関する調査研究
- 養育費の確保に関する支援 等

図表 24-2 子どもの貧困対策大綱と当面の重点施策
(資料) 厚生労働省資料より,みずほ総合研究所作成

人目以降については1人あたり3,000円の加算であった.しかし,2016年8月以降は制度改正が行われ,児童2人目以降の加算額が拡大された.具体的には児童2人目について10,000円(一部支給の場合は所得に応じて5,000～9,990円)が,3人目以降は1人あたり6,000円(同3,000～5,990円)が加算されることとなった(図表24-3).

経済的支援は十分か

しかしながら,子どもの貧困対策としてやるべきことはまだ多い.日本は先進国の中でも子育て支援が手薄く,これが勤労収入が少ない世帯が経済的に困窮しやすい状況を生み出している問題への対応が必要である.

これに関し図表24-4は,家族政策に対する公的支出の規模をGDP比で見たものだ.ここでは国際比較の観点からOECD加盟国平均の支出規模を示している.これによると,家族政策全般への公的支出規模はOECD平均でGDP比2.1%に対し,日本は1.3%にとどまる.この内訳をみると,まず現金給付(手当等)についてはOECD平均の1.2%に対し日本は0.8%である.次に,サービス給付(保育等)を見ると,OECD平均0.9%に対し日本は0.5%と半分程度である.全体に日本の家族政策への公的支出は先進国平均の5～6割程度にとどまっている.

図表24-3　児童扶養手当の拡充

2016年7月まで

	全額支給	一部支給 （所得に応じ支給）
児童1人の時	42,330円	9,990～42,320円
児童2人の時	5,000円加算	同左
児童3人以上	3人目以降1人あたり 3,000円加算	同左

2016年8月以降

	全額支給	一部支給 （所得に応じ支給）
児童1人の時	42,330円	9,990～42,320円
児童2人の時	10,000円加算	5,000～9,990円加算
児童3人以上	3人目以降1人あたり 6,000円加算	3,000～5,990円加算

（注）　児童扶養手当は父母が婚姻を解消した児童や父又は母が死亡した等の要件を満たす18歳に達する日以後の最初の3月31日までの子等を監護する父母又は養育者に支給される．支給には受給資格者の所得及び扶養親族の数に基づく全部支給又は一部支給の限度額が設けられており，一部支給の額は所得に応じて決められる．支給額は物価変動等の要因により改正される場合がある．
（資料）　厚生労働省資料より，みずほ総合研究所作成

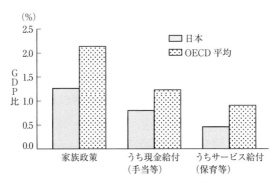

図表24-4　家族政策への支出規模（日本，OECD平均）
（注）　2013年実績．
（資料）　OECD, Social Expenditure Database より，みずほ総合研究所作成

こうした状況もあり，ひとり親世帯への経済的支援の金額も，必ずしも貧困を脱することができる水準には設定されていない．ここで児童扶養手当を全額受給するための要件を確認すると，例えば母親1人子2人の給与所得のみで暮らす世帯では年収が168万円以下である必要がある．そこで年収168万円のひとり親世帯（親1人子2人）について各種控除，税・社会保険料，児童手当・児童扶養手当を考慮した上で等価可処分所得（世帯規模を考慮した1人あたり可処分所得）を計算すると113万円となり，2012年の貧困ライン（122万円）を下回ってしまう．例えば就業しているひとり親世帯については，週に一定の時間以上働いていれば，貧困ライン以上の等価可処分所得を確保できるよう経済的支援を行っていくことも検討すべきであろう．

　子どもの貧困対策として手当を拡充するための財源として考えられるのが，配偶者控除の見直しである．配偶者控除は納税者の配偶者の給与収入が103万円以下の場合に，納税者の年収から38万円が差し引かれる制度である．所得税は累進税率となっているので，この38万円の控除による税負担の軽減効果は高所得世帯ほど大きい．配偶者控除を廃止した場合，6,000億円程度の財源が確保可能である．高所得世帯に有利な配偶者控除を廃止し，その財源を低所得世帯の子育て支援に振り向けることは一案であろう．

　なお，子育て世帯への経済的支援（児童手当，児童扶養手当）は，現在，4カ月分をまとめて年3回支給する方式となっている．しかし困窮するひとり親世帯への公的手当がまとめて支給される結果，家計の収入が激しく波打ち，安定した家計運営が難しくなっているという指摘もある（2016年3月14日付朝日新聞等）．公的手当の支給方法の見直しについても早急に検討していくべきである．

養育費の確保に向けた支援

　母子世帯の多くは養育費を受け取っていない．厚生労働省「全国母子世帯等調査結果報告（2011年）」によれば，離婚した母子世帯のうち「現在も養育費を受けている」世帯の割合は約2割にとどまった（図表24-5）．

　母子世帯で養育費の受給率が低いのは，必ずしも離婚した父親に経済力がないためではない．労働政策研究・研修機構「第2回子育て世帯全国調査（2012年）」によれば，離婚した父親が年収500万円以上の場合でも，74％は養育費

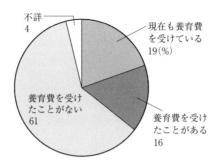

図表 24-5 母子世帯の養育費の受け取り状況
(資料) 厚生労働省「全国母子世帯等調査結果報告(2011年度)」より，みずほ総合研究所作成

を支払っていない．養育費の受給率が低い大きな要因の1つとして，母子世帯の離婚の大多数を占める協議離婚(夫婦の合意による離婚)の多くで，養育費の取り決めを行っていないことがあると指摘されている．

東北大学大学院の下夷美幸教授の研究によれば，多くの先進諸国では養育費が確実に支払われるための制度面での対応が行われているという．例えばスウェーデン等の北欧諸国では，別居した親が養育費を支払わない場合，社会保険事務所に申請すると養育費を立て替える「立て替え払い手当」が支給され，社会保険事務所が養育費の全額又は一部を別居の親から回収する．一方，米国では立て替え払い手当に相当する支給制度はなく，行政機関が別居する親の捜索や給与天引き等により扶養義務を追求しているという．諸外国の制度も参考に，養育費の支払い促進に向けた制度づくりを検討していく必要がある．

25

教育に関する対策

POINT
- 日本は高等教育の授業料が高く，学生向け経済支援も充実していない．この結果，親の経済力が大学等への進学率の格差につながりやすい状況が生じている．
- わが国では教育の各段階で教育支援に関わる制度があり，その中身も拡充される方向にある．2017年度以降は新たな所得連動返還型奨学金や給付型奨学金が創設される方向である．
- しかし日本の家計の教育費負担は重く，依然として教育格差が生じやすい状況にある．給付型奨学金の対象の拡充や大学授業料の軽減策など，教育支援を一層拡充する必要がある．

家計の教育費負担が重い日本

テーマ18で見たように，親の経済力によって高等教育への進学率に大きな格差が存在する．これに関し**図表25-1**は，主要な先進国について国公立の高等教育機関の授業料(自国民の学生向け)と，経済支援(公的教育ローン又は奨学金・教育助成)を受ける学生の割合の関係を見たものだ．

まず米国・英国等のアングロサクソン諸国を見ると，高等教育の授業料が高い反面，経済支援を受ける学生の割合も高い．教育費は高いが，経済的支援の充実により大学進学の機会はある程度確保されていると言える．ただし，米国や英国では大学卒業時に学生ローンによる多額の負債を抱える問題が指摘されており，経済支援の質に問題がない訳ではない．

一方，スウェーデン・ノルウェー等の北欧諸国やイタリア・フランス等の大陸欧州諸国では高等教育の授業料は安価に抑えられており，さらに北欧諸国で

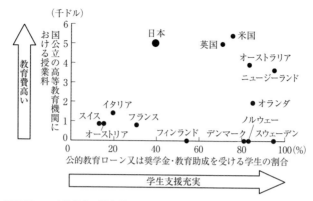

図表 25-1 高等教育の授業料と経済支援を受ける学生の割合
（注）　2010〜2011 教育年度．各国の授業料は購買力平価 US ドルベース．
（資料）　OECD「図表でみる教育（2013 年版）」より，みずほ総合研究所作成

は学生向けの経済的支援を受ける者の割合も高い．このため親の経済状況と高等教育への進学の可能性が結びつきにくい状況にある．

　これらに対し，日本は高等教育の授業料が高いことに加え，経済支援を受ける学生の割合は中程度にとどまっている．経済支援を受ける学生の割合が中程度にとどまる背景には，親が子どもの教育費を負担する意識や慣行があると考えられる．こうした意識や慣行は現役世代が安定した雇用機会を確保できた時代には問題となりにくかった．しかし，現役世代の雇用が不安定化するなか（テーマ 7 参照），親が子どもの教育費を負担できるという前提は崩れつつある．

これまでの教育支援

　もちろんわが国でも教育支援に関わる制度が全くない訳ではない．例えば，就学援助制度により，経済的理由で就学困難と認められる義務教育の児童生徒の保護者に対し，市町村から学費等の援助が行われている．就学援助の対象者は要保護者（生活保護法に規定する要保護者）と準要保護者（市町村の教育委員会が生活保護世帯に準ずる程度に困窮していると認める者）で，学用品費，給食費，通学費，修学旅行費等がカバーされる．

　文部科学省「就学援助実施状況等調査（2013 年度）」によれば，就学援助を受ける児童の割合と数は 1995 年度に 6.1％ であったが，2011 年度に 15.6％ まで

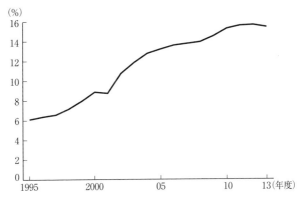

図表 25-2　就学援助を受ける児童生徒数の割合
(資料)　文部科学省「就学援助実施状況等調査(2013年度)」より，みずほ総合研究所作成

上昇した(図表 25-2)．その後 2013 年度に 15.4％へと小幅に低下しているが，その背景には経済状況の改善があるとされている．

　このほか，多子世帯の幼児教育に関わる負担軽減策として，一定の年齢以下の子どもが 2 人以上いる場合に，幼稚園や保育園の利用者負担額が軽減・免除される制度がある(第 2 子の保育料は半額，第 3 子以降の保育料は無償)．先に生まれた子が上記の年齢制限を超えると，子どもとしてカウントされる数が減るため制度の恩恵を受けられなくなる場合があるが，年収 360 万円未満相当の世帯の場合は，先に生まれた子どもが年齢制限を超えても制度が適用され続ける措置が取られている．また，ひとり親世帯で年収要件を満たす場合は，第 1 子の利用負担額が半額，第 2 子以降が無償となる．

　加えて，高校等に通う一定の収入未満の世帯の生徒に対して，授業料に充当するための「高等学校等就学支援金」が支給されている．この支援金の支給額は公立高校に通う生徒で月額 9,900 円である．年収制限は家族形態等により異なるが，片働きのサラリーマン世帯で高校生と中学生が 1 人ずついる世帯の場合は，年収が 910 万円未満であり，就学援助制度よりも幅広い世帯を支援する内容である．なお，私立高校等に通う場合は低所得世帯により手厚い加算が行われ，市町村民税非課税世帯では月額 9,900 円の 2.5 倍の金額が支給される．

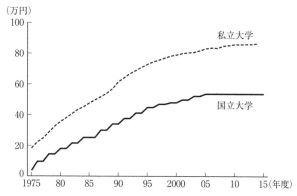

図表 25-3　大学授業料の推移
(注)　入学年度授業料．国立大学(2015年度まで)は国が示す標準額，私立大学(2014年度まで)は平均．
(資料)　文部科学省ホームページより，みずほ総合研究所が加筆して作成

奨学金の拡充

　これらのほかに大学等に進学する学生向けの経済的支援制度として，日本学生支援機構の奨学金(無利息の第1種奨学金と有利息の第2種奨学金)がある．**図表25-3**で示すように大学の授業料が上昇・高止まりしていることに加え，親の経済的基盤が揺らいでいることから，日本学生支援機構の奨学金を受ける人の数は2004年度の年間93万人から2015年度の同132万人へと急増している．なお，2016年3月に貸与が終了した大学学部生の平均的な奨学金の貸与総額は第1種奨学金で236万円，第2種奨学金で343万円に上る．経済困難や失業中等には通算10年まで返還を猶予する制度や返還額を減額する制度があるものの，期限を超えた場合は原則として定額の返還が求められる．近年は，卒業後に安定した職を得られず奨学金の返還に苦労するケースがある問題や，先々の不安から奨学金の利用をあきらめるケースが少なくないといった問題が浮上してきた．このため2012年度に導入されたのが所得連動返還型の奨学金制度である．本制度では申込時の家計支持者の年収が300万円以下で，さらに学校卒業後の本人の年収が300万円以下の場合に奨学金の返還が無期限に猶予される．しかし，本人の年収が300万円を1円でも超えると定額の返還を求められ

るため，年収300万円を境に返還負担が急に重くなる問題が指摘される．

　こうしたなか，奨学金の返還に関わる不安をより本格的に軽減する制度として，2017年度より新たな所得連動返還型奨学金が導入されることとなった．新制度では，無利息の奨学金を利用する人は保護者の年収に関係なくこの制度を選択可能であり，所得が一定となるまでは定額(月2,000円)を返還する．さらに所得が一定額を超えた後は所得に応じて返還額が設定される．経済困難や失業等で返還が困難な場合には，これまでの返還猶予制度も利用できる．

　加えて，低所得世帯の大学生・短期大学生等を対象に，月2～4万円の返還不要の奨学金(給付型奨学金)も導入される．本制度は2017年度から一部の学生に先行給付され，2017年通常国会で法律を定めた上で，2018年度より本格的に運用が開始される予定である．給付対象は住民税非課税世帯の学生等で，高校の校長推薦によって決定される方向である．

　このほか，奨学金とは異なるものの，東京都の小池百合子知事も2017年度より一定の所得制限の下で都内私立高校の授業料を実質無償化するほか，都立高校に通う生活保護世帯等の子どもにも新たに年3～5万円の補助を行う等，教育支援を充実する方針を示している．子どもの貧困問題に対する社会の懸念の高まりを背景に，教育支援の充実に向けた動きがようやく進みつつある．

教育費負担の更なる軽減が必要

　これまで見てきたように，教育支援制度は拡充方向にある．それではこれらは十分な規模と言えるのだろうか．この点を考えるため，まず日本の家計の教育費負担が他国と比較してどの程度重いのかを考える．OECD「図表でみる教育(2015年版)」によれば，OECD加盟国平均で国の教育費のうち公費負担割合は88％，家計等の負担割合は12％であるのに対し，日本では公費負担割合は70％，私費負担割合は30％である．仮にOECD平均並みに家計等の負担割合を下げる場合，教育費の家計負担は4.6兆円低下する(**図表25-4**)．言い換えれば，日本の家計は他の先進国と比べて4.6兆円多く教育費を負担している．

　次に給付型奨学金の規模を考える．この制度は子どもの貧困による教育機会格差を是正する重要な政策の1つと位置付けられており，その規模感には教育格差是正に向けた政府の姿勢が表れると考えられる．

図表25-4 初等教育から高等教育までの学校教育費

		公費	私費(家計)	合計
学校教育費の公私割合(%)(2012年)	日本	70	30	100
	OECD平均	88	12	100
実額(兆円)	日本	18.5	7.8	26.3
	公私割合をOECD平均とした場合	23.0	3.3	
	差	+4.6	−4.6	±0.0

(注) 日本の学校教育費の実額は,2015年のGDP 530.5兆円に学校教育費の対GDP比を乗じて算出.四捨五入の関係で日本の実額と公私割合をOECD平均とした場合の実額の差は一致しない.
(資料) OECD「図表でみる教育(2015年版)」,内閣府「国民経済計算(2015年)」より,みずほ総合研究所作成

　報道によれば給付型奨学金の支給は1学年あたり2万人(4学年とすれば8万人)程度が想定されている.文部科学省「学校基本調査」によれば2015年度の高等教育(大学・大学院,短期大学,高等専門学校,専修学校専門課程)の学生は364万人であり,これと比べると給付型奨学金の対象はごく限られることが分かる.なお,仮に給付型奨学金の1人あたり支給額を月3万円とした場合,4学年の給付総額は288億円であり,先に見た家計の教育費負担の重さと比べて小規模である.教育支援には拡充の余地があると言えそうである.
　こうしたなか,教育支援の更なる拡充に向けた政策議論も浮上している.報道によれば,自民党は「教育再生実行本部」にプロジェクトチーム(PT)を設置し,教育無償化に向けた具体策の検討を始めるという.
　教育無償化の大きな壁となるのが財源問題である.先に見たように,家計等の教育費の負担割合をOECD平均並みに引き下げる場合,4.6兆円の財源が必要となる.自民党内の検討では,教育無償化に使い途を限定する「教育国債」の発行や高所得者への所得税の引上げが財源として浮上しているという.
　日本の厳しい財政状況を考えればいかなる手段であれ数兆円規模の財源確保は困難を極めるだろう.しかし,教育支援の本格的な拡充は社会に不可欠の課題であり,その具体化が急がれよう.

26

地方創生に関する対策

> **POINT**
> - 政府は仕事をめぐる人口移動が地方の人口減少の主因とみなし，地方の自立に向けて，地域資源を活用した産業の創出を図る「地方創生」を打ち上げた．
> - 観光都市の人口減少などを考えると，地域資源を活用した産業の創出によっても，地方の人口減少に歯止めをかけるのは容易ではない．人口減少を前提とした街づくりを進めていくべきであろう．
> - 人口維持が難しくなり，いずれ衰退が免れない自治体に対して，住民の大都市への移住促進策も含めた自治体の「ターミナルケア」といえる政策も考える必要があろう．

「しごと」対策が最優先課題だが，課題は山積

 政府はこれまでの地域活性化と異なり，地方創生では「まち・ひと・しごと」の中でも「しごと」対策を重視している(図表26-1)．地方の人口減少に歯止めをかけるためには仕事を生み出すことが第一であり，そのために地域資源を使った，域外を主な販売先とする「稼ぐ力」のある産業を振興していくというのが政府の方針である．各自治体が作成した「地方人口ビジョン」や「地方版総合戦略」もこうした文脈でどのような事業を展開していくかが問われている．

 さらに，地方創生では5原則(「自立性」「将来性」「地域性」「直接性」「結果重視」)を打ち出したのが新しい特徴であろう．「自立性」では地方や地域だけでなく企業や個人の自立に資するものとなっており，なるべく自立するようにと政府は求めている．今までのような手厚い保護による「護送船団方式」は維持

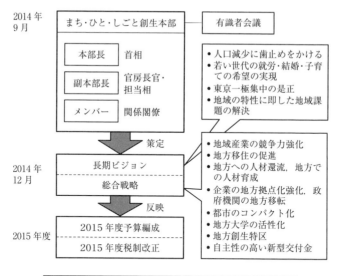

図表 26-1 安倍政権の地方創生（上：概要，下：原則）
（資料）「まち・ひと・しごと創生総合戦略」(2014 年 12 月 27 日閣議決定)，
「まち・ひと・しごと創生に関する政策を検討するに当たっての原則」(2014 年 10 月 22 日発表) などより，みずほ総合研究所作成

不可能とみられているからだ．また「結果重視」は，人口増の成果を具体的に想定し，逐次結果を検証していくということである．今までの地域活性化や総合戦略に比べ成果を厳しく問われているのは間違いない．

しかし，この地方創生で人口において成果をあげるのは容易でない．この背

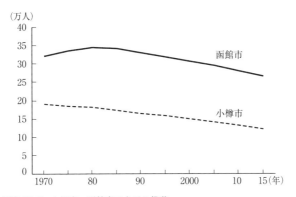

図表 26-2　小樽市，函館市の人口の推移
(資料)　総務省「国勢調査報告(各年版)」より，みずほ総合研究所作成

景として，若者，特に高学歴化が進む若い女性の就労ニーズと基盤産業の労働の中身がミスマッチを起こしていることを挙げることができる．政府は地域資源を活用した産業の振興に期待をかけているが，これまでのところ，人口減少にほとんど歯止めがかかっていない．

　例えば，観光業は地域資源を使った産業として期待されているが，観光地の人口動向を考えると大きな成果は期待しにくいだろう．小樽市や函館市は著名な観光地で，かつ「住みたい都市ランキング」でも上位に入るが，人口減少が激しく進んでいる(図表 26-2)．また，観光業では訪日外国人が近年急増しているため，その地方への波及効果に期待がかかるが，現段階では訪日外国人の訪問先はかなり限定的で(図表 26-3)，訪日外国人増加効果が地方に広く行き渡るのは簡単ではない．

　このように観光業での人口増加が難しい背景には，観光業の生産性の低さがあろう．例えば，観光業に関係が深い宿泊・飲食業は前掲図表 11-3 でわかるように，地方に限らず大都市でも生産性が非常に低い．その結果，訪日外国人が急増し一種のブームになっているにもかかわらず，大都市でも観光地でも宿泊業界は大幅な人手不足となり，慢性的な宿不足に陥っている．人手を獲得するためにも生産性を上げる必要があり，観光業は業界全体としてビジネスモデルの抜本的な転換が必要な時期に差し掛かっている．

　また，地方で雇用吸収力が大きい卸・小売業や今後の成長産業と言われる医

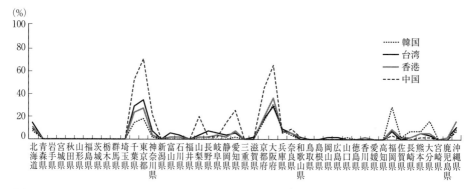

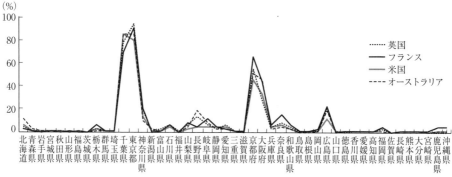

図表26-3 観光・レジャー目的訪日客の都道府県別訪問率
(資料) 観光庁「訪日外国人消費動向調査(2015年)」より,みずほ総合研究所作成

療・福祉にも地方創生への大きな期待がかかるが,ともに大都市より地方の方が労働生産性が低い.そのため,同じような仕事内容で人材の獲得競争をしても地方は大都市に比べ厳しくなってしまう.この2つの産業ではともに人口集積が生産性向上の鍵の1つである.そのため,コンパクトシティ政策などで人口集積を高める必要があるが,これまで大きな成果を上げたところは少ない.地方では車の保有率が非常に高く,郊外に住むライフスタイルを容易に変えられないからだ.

　政府は人口維持のための人口流出阻止機能を「人口のダム機能」と称し,それが期待できる都市として,非三大都市圏で約60カ所にのぼる地方中枢拠点都市を挙げている.しかし,大都市の巨大な人口集積による第3次産業の発展

は，高学歴の若者にとって魅力的な仕事を多く生んでおり，ヒト・モノ・カネに限界があるうえ，高学歴の若者向けの仕事創出の経験がほとんどない自治体ではなかなか太刀打ちできない．例えば，札幌市は職住近接を願う若者だけでなく，医療機関等の充実を願う高齢者をも集めており，北海道内での一極集中が進んでいる．北海道のその他の都市が北海道随一の巨大都市である札幌市に対抗するのが難しいように，非三大都市圏では域内の巨大都市への人口の一極集中は避けられず，現実的に対東京圏としての人口のダム機能を期待できるのは，域内随一の巨大都市に限られるのではないか．したがって，地方創生において，自治体の創意工夫を生かして様々な地域資源を活用した産業の育成は期待できるものの，その人口のダム機能には限界があり，ほとんどの地方自治体で人口減少に歯止めをかけるのは難しいであろう．

人口減少を前提とした地域経営を目指すべき

このような地方を取り巻く現状を考えると，地域間格差に多大な影響を与える地方での人口減少について，歯止めをかけることは難しいことがわかる．それゆえ，人口減少を所与として自治体は地域経営を進めていく必要があろう．例えば，2040年のほとんどの自治体の人口規模は2040年の住民にとって経験のない規模にまで減少する可能性が高い(**図表26-4**)．日本全体の人口が減少する中での人口獲得競争では，勝者は一握りでしかない．インフラ整備をできるだけ減らす一方，行政サービスのゼロベースでの見直しを進める必要があろう．その際，地域で必要なサービスについて自治体だけでなく，住民や企業と連携し，それぞれに応分の負担をしてもらう必要がある．また，若者に訴求力のある第3次産業の振興については，国や自治体が主導した過去の施策にほとんど成功例がないことから，実際に成功している企業のノウハウを学んで，地道に取組みを進めていく必要があろう．

さらに，大阪都構想の住民投票で見られるような，同じ自治体内で人口減少が激しい地域とそうでない地域で住民の意見の対立が激しくなるであろう．そのため，地域を取り巻く現状を冷静にとらえることができそうな「普通の住民」の声を反映できる制度が必要である．地方創生の地方人口ビジョンや地方版総合戦略の策定にあたり，普通の住民の参加を促すため抽選で策定メンバー

図表 26-4　2040 年の人口は過去のどの都市の人口規模に近いのか？

年	都道府県
1920 年より前	秋田県, 山形県, 和歌山県, 鳥取県, 島根県, 徳島県, 高知県, 長崎県, 鹿児島県
1920, 1925 年	岩手県, 新潟県, 山口県, 愛媛県, 佐賀県
1930, 1935 年	青森県, 福島県, 香川県
1940, 1947 年	富山県, 福井県, 山梨県, 長野県, 岡山県, 熊本県, 大分県, 宮崎県
1950, 1955 年	北海道
1960, 1965 年	群馬県, 石川県, 岐阜県, 三重県
1970, 1975 年	宮城県, 茨城県, 栃木県, 静岡県, 京都府, 大阪府, 兵庫県, 奈良県, 広島県, 福岡県　(参考：全国)
1980, 1985 年	(該当なし)
1990, 1995 年	埼玉県, 千葉県, 神奈川県, 愛知県
2000 年以降	東京都, 滋賀県, 沖縄県

（注）　国勢調査は 1920 年開始なので,「1920 年より前」に分類されている県は推定.
（資料）　総務省「国勢調査報告(各年版)」, 国立社会保障・人口問題研究所「日本の地域別将来推計人口(2013 年 3 月推計)」より, みずほ総合研究所作成

を選んだ茨城県行方市のような仕組みが注目される．また，しごと重視の街づくりを進めるにあたって，同じ経済圏にある複数の自治体が協力すべきであろう．中心都市はさらなる都心回帰を目指す一方，近隣都市は住民誘致のために郊外に住宅地を作るといった行動により共倒れになるのを避けなくてはならない．

　そのうえで，人口維持が難しくなり，いずれ衰退が免れない自治体向けに，自治体の「ターミナルケア」といえる政策が必要であろう．例えば，そのような自治体では追加的なインフラ整備はできる限り避けつつ広域をカバーする組織，例えば隣接する複数の都道府県などで，人口配置を含む将来の地域のあり方を考えていく必要がある．その中で人口集積に向けた政策，具体的には都道府県やそれを超える地方といった単位でのコンパクトシティ化を進めるため，地域の中心的な都市への移住促進政策も検討すべきと思われる．

27

成長力向上とパイの拡大

> **POINT**
> - 日本における格差は，富裕層への富の集中ではなく，中間層のシフトダウン，低所得層の増加という形で表れてきている．その底流には，マクロ的な総所得が拡大を止めてしまっているという実状がある．
> - バブルが崩壊して以降，わが国の経済は「失われた 20 年」とも形容される長期の停滞が続いている．物価が下落するデフレもあって名目 GDP，すなわち「パイ」が増えない状況が長引いている．
> - 格差を拡大・固定化させないためにも，成長力を高め，「パイ」を拡大させて所得の底上げを図ることが重要．そのためには，経済の好循環の形成とイノベーションの創出を促すことが求められている．

格差問題の底流にある経済の停滞

これまで見てきたように，わが国ではペースは緩やかではあるものの，格差が次第に拡大しつつある．ただし，米国に象徴されるようなごく一部の富裕層が多くの富を独占するといった格差の在り様とは姿が異なる．所得が増えず中間層がシフトダウンする中，低所得者が数を増す形で格差問題が生じていると理解される．今後手当てされるべき対策については本章で順に示してきたところであるが，中間層の縮小や低所得層の拡大を生み出す底流としてマクロ的な総所得の頭打ちあるいは縮み込みがあることを踏まえると，ここに手を付けなければ十分とは言えない．すなわち，成長力を高めることによって日本経済の「パイ」を拡大し，全般的な所得水準の底上げを図ることがやはり重要である．本書の締め括りとなる当節では，経済の長期停滞が続くわが国では，格差問題への対応のためにも，経済再生の実現が期待されることを説明する．

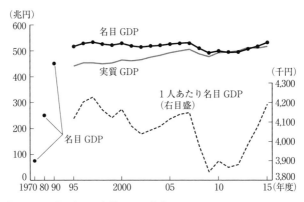

図表 27-1 日本の名目・実質 GDP の推移
(注) 1 人あたり名目 GDP は，国内総生産の名目年度値を各月初人口の年度平均で割ったもの．95 年度以降の GDP は，2005 年度基準．
(資料) 内閣府「国民経済計算」，総務省「人口推計月報」より，みずほ総合研究所作成

20 年以上にわたり増えない名目 GDP

　第 2 次世界大戦後の高度成長，それに続く安定成長からわが国の経済が大きく様相を変える契機となったのは，1980 年代後半に膨らんだ「バブル」の崩壊である．それ以降は，多少の浮き沈みはあったものの，経済は総じて停滞基調を続けてきた．「デフレ経済」「失われた 20 年」とも形容されてきた長期の低迷からの脱出は，逐次の対策にもかかわらず未だ遂げられていないといえよう．

　わが国の名目 GDP の足取りを見ると，80 年代までは順調に拡大したきたが，90 年代以降は 500 兆円近傍で推移し，まったく増えていない(図表 27-1)．実質成長率は低いながらもプラスの年が多かったため，実質 GDP は 90 年代以降もわずかずつ増加しているが，物価が下落基調となるデフレが続いてきたこと等から，名目 GDP は膠着してしまっている．また，名目 GDP を 1 人あたりでみると，リーマンショックの影響等でアップダウンしているが，足元の水準はピークであった 90 年代半ばのレベルを依然下回っている．これでは，国民それぞれの所得が伸び悩んだり切り下がったりするのは当然である．日本経済の長期に及ぶ不振の理由としては，バブル崩壊の後遺症，為替の円高，グロ

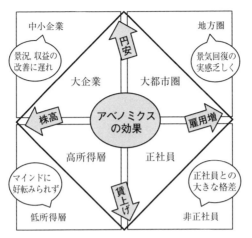

図表 27-2 アベノミクス効果の浸透状況
（資料）　みずほ総合研究所作成

ーバルな競争の激化，少子高齢化・人口減少，イノベーションの不足など様々指摘されるが，いずれにしても経済の再生が引き続き求められていることに変わりはない．

この課題への近年の取り組みが，安倍政権が掲げる「アベノミクス」である．そのアベノミクスにおける大胆な金融緩和等により円安や株高が進み，デフレからの脱却に向けた機運も一時高まった．しかし，経済効果の浸透状況は広がりに欠けるものとなっている（図表 27-2）．例えば，株高で潤ったのは高所得層で，低所得層には恩恵があまり及んでいない．また，波及効果は，中小企業や地方圏には十分には届いていない．そして，正社員と非正社員の差もいぜんとして大きい．いわゆる「トリクルダウン」（所得拡大等の効果が滴り落ちるように広がっていくこと）が期待通りに進んでいないことをうかがわせる．欧米等においても，生み出された所得増が特定の層に滞留し，トリクルダウンが起きていないことが格差拡大につながっているとして問題視されているが，わが国においてもアベノミクス効果の各層・各地への浸潤が課題である．

好循環の形成とイノベーションの創出

こうした現状を踏まえ，安倍政権では円安等に伴う企業業績改善を所得拡大

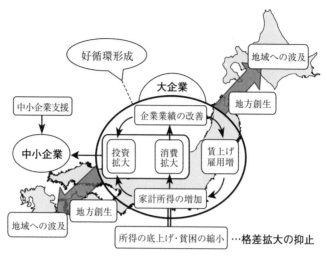

図表 27-3　好循環の形成と地方や中小企業への波及
（資料）　みずほ総合研究所作成

に結び付けるべく，企業に賃上げを促している．事業経営への介入との見方もあるが，家計所得増から消費拡大を経て再度企業収益へとつながる経済の好循環を形成していくためには，官民・政労使の一段の協調が重要になろう．そして，こうした好循環に面的な広がりを持たせるための地方創生や中小企業支援にもさらに力を入れていくことが望まれる（図表 27-3）．

　加えて，中長期的な成長力の向上には，新商品・新サービスの開発や生産性の向上，ビジネスモデルの革新等を実現するイノベーションの創発が有効である．とりわけ，人口減少と高齢化が進むわが国では，イノベーションが有効であるにとどまらず不可欠であるといえる．これらにより成長力を高めて「パイ」を大きくすることが叶えば，分配政策や教育訓練，働き方改革等の効力とも相まって，格差や貧困の拡大・固定化を抑えつつ，安定性のあるよりよい経済・社会を構築し，維持していくことができるはずである．

―― コラム④ ――

「ふるさと納税」にみる地域間格差

近年,「ふるさと納税」が注目を集めている.ふるさと納税とは,自分の選んだ自治体(都道府県及び市区町村)に寄附を行った場合に,寄附額のうち2,000円を超える部分について,所得税と住民税から原則として全額控除される制度である.そして,多くの自治体は寄附者に対するお礼(返礼)として地域の特産品などを送っている.つまり,ふるさと納税の利用者にとっては,年間2,000円の自己負担で,寄附した自治体から特産品を受け取れるのである.最近では,全国の返礼品を検索できたり,ふるさと納税の手続きをサポートしたりする専門のウェブサイトが複数立ち上がっており,テレビCMも流されている.

自治体へのふるさと納税の影響には大きな地域間格差が存在する.図表は,ふるさと納税による寄附の受入額と,この制度を通じた住民税の控除額を都道府県別に示したものである.これをみると,東京や神奈川,大阪といった「都会」では住民税が失われている一方,「地方」には総じて多くの寄附が集まっていることがわかる.こうした状況に危機感を募らせる都会の自治体の中には,返礼品に力を入れてより多くの寄附を集めようと試みる動きも出てきている.果たして,ふるさと納税をめぐる「都会の負け,地方の勝ち」という構図は今後も続くのか,それとも都会の反撃が実を結んで流れが変わるのだろうか.

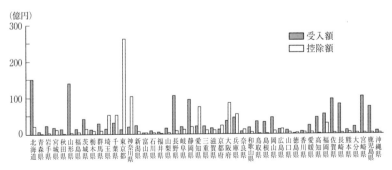

図表　都道府県別にみたふるさと納税の受入額と住民税の控除額
(注)　ふるさと納税の受入額は2015年度の数値.住民税の控除額は2015年の数値.
(資料)　総務省資料より,みずほ総合研究所作成

おわりに

「四民平等」を打ち出した明治維新から間もなく150年

　わが国は，明治維新(1868年，明治元年)から間もなく150年を迎える．明治維新は日本における近世から近代への広範な改革の総称と言えるが，その枢要な理念の1つは「四民平等」であった．それまでの江戸時代は「士農工商」(四民)という身分社会(制度的な格差社会)であったが，これを大きく転換したのである．もちろん華族(旧大名家・公家等)のような一部特権階級も残されたが，国の在り方の大枠としては，平等であることが目指されるべき方向の1つとなったのである．

　「天は人の上に人を造らず人の下に人を造らず」．明治維新後の近代化を支えた思想的バックボーン創造者の1人である福沢諭吉が著した『学問のすゝめ』の一節である．福沢は，社会を構成する1人ひとりが本来は平等であること，その上で個人の努力が大切であることを説いた．明治，大正，昭和，平成と続いてきた150年のこの国の歩みの中で，こうした理念は単に身分の解消にとどまらず実態としても具体化に近づいてきたであろうか．

　戦前(第2次世界大戦まで)においては，近代国家の構築が優先される中で，資本家と労働者，地主と小作人などの間に大きな貧富の差があった．しかし，終戦後の改革により，華族制度の廃止や農地解放など制度的な格差を解消する措置が実施される．そして，その後の高度経済成長によって国民の所得水準が高まり，厚みのある中間層が形成された．わが国は，先進国の中でもとりわけ格差が小さい国と評価されるようになった．

　だが近年，状況は再び大きく変化してきている．日本はいぜん比較的平等な社会であるはずとの受け止め方が多いかもしれないが，実態として低所得者が数を増す形で格差が広がり始めていることは本書で示した通りである．明治維新からの150年で紆余曲折ありながらも趨勢としては格差の小さい社会へと向

かってきたわが国は，ある意味で歴史の分岐点とも言えるような局面に差し掛かっているのではなかろうか．

格差との関わり合いの中で進んだ欧米の近代化とその今

　格差を巡る問題と議論の広がりは，時を同じくしてグローバルにも顕著なものとなっている．本書でも触れたように，2016年における英国のEUからの離脱(Brexit)という国民投票結果，米国大統領選挙でのトランプ氏の勝利といった事前の予想を覆すような出来事の背景には，格差の拡大が深刻なレベルに至っていることがあるとしばしば指摘されている．フランスやドイツをはじめ大陸欧州諸国においても，国民の間で分断ともいえるような動きが現れ，極端な主張を掲げる政治勢力が支持を集めている．格差そのものが孕む問題とともに，そこから派生する政治・経済・社会の不安定化が，各国を揺さぶりつつあると捉えられよう．

　近代化の先鞭を付けた欧米も日本と同様に，身分社会から脱し，民主的な国家，開かれた市民社会，安定的な経済を創り上げるべく歩みを続けてきた．現代につながる政治・社会思想の形成に大きな足跡を残したジャン＝ジャック・ルソーが18世紀半ばに著した『人間不平等起原論』は，政治や社会が格差といかに相対していくかを問い掛ける嚆矢となった．その後の欧米諸国の近代化では，国民の平等をどのような形で具現化すべきなのかが常に1つの大きなテーマであって，名立たる思想家，学者，エコノミストなどがこれを論じてきた．そうした系譜に属するであろうアレクシス・ド・トクヴィル(フランスの思想家)が独立後間もない時期の米国のデモクラシーに大衆政治の負の側面を嗅ぎ取っていたことは(主著『アメリカの民主政治』)，今日ことに興味深い．

　さて，近代化への長い足取りを経て，とりわけ第2次世界大戦後の経済成長によって，厚い中間層の存在を基盤に安定的な経済・社会を築き上げてきた欧米諸国も，近年はその中間層の縮小・衰退等により生じている国民の間の亀裂，政治や社会の動揺に直面している．そして，多くの市民がこれまで保ち続けてきた「ゆとり」を，経済的にも心理的にも失い始めているかのようにも映る．日本を含めた先進各国は今，格差の拡大とそこから引き起こされる様々な困難な事象にいかに対峙していくかが問われているといえよう．そして，欧米や日

本を追いかけてきた新興国もまた，目覚ましい経済発展の一方で，貧富の差にどう対処するかという課題を抱えている．

格差問題と正面から向き合う政策展開が求められる局面に

本書では，日本における格差の実状を各種のデータを用いて多面的に考察してきた．その結果，わが国では米国や英国に見られるような富裕層への富の集中といった事態がさほど進行しているわけではないが，低所得層の増加という形での格差問題が生じていることが確認された．1990年代以降の「失われた20年」とも呼ばれる長期の経済停滞の中で，中間層が縮小し，低所得層が拡大してきているが，これを補正する政策的な手当てが十分ではなかったことなどが，今日の格差問題の表出につながっていると考えられる．

こうした状態に手を拱いていることは，格差の拡大や固定化を助長し，欧米各国等で顕在化しているような政治・経済・社会の不安定化を招くことにもなりかねない．現在が重要な局面に差し掛かっていることを認識し，政官民が危機感を共有することがまず大切であろう．政府は一億総活躍や働き方改革といった政策に着手し，格差問題への対応を始めているが，さらなる有効な手立てを講じていくことが求められている．本書で記した雇用，賃金，年金，税制，教育といった諸分野の対策も，それを意識したものだ．そして，広く所得を底上げするための成長力の向上（パイの拡大）も，やはり欠かせない．

17世紀英国の政治哲学者ジェイムズ・ハリントンは，その著書『オシアナ』で，政治における権限の分立を説くためにケーキの取り分けの例を用いた．ケーキを2人の少女の間でできるだけ公平に分けるには，1人がケーキの切り分け役となり，もう1人が分けられたケーキを先に選ぶことにするのがよいというものだ．結果として，ケーキは半々に分けられる．

これは，格差を是正するための富の分配にも示唆的である．ケーキの切り分け方は分配の仕組みであり，創出された一国の富がどのような層に優先的に享受されるのかということがポイントになる．今日各国で見受けられる政治や社会の混迷の一端には，ケーキを切る役にも切られたケーキを選ぶ役にもコミットできない市民のもどかしさと不満があると言えないであろうか．そうした意味からも，格差問題に対応するための幅広い合意と納得の得られる政策の具体

化が望まれる．それとともに，ケーキを大きくする経済活性化策もまた肝要ということになろう．

草の根の活動も得てよりよい経済社会の形成へ

一方で，格差の拡大や固定化を抑えるのは制度や政策ばかりではない．本書でも見てきたように近年子どもの貧困が問題化しつつあるが，こうした低所得層の子どもに食事を無料あるいは安価に提供する「子ども食堂」が各地で次々と立ち上っている．温かく栄養のある食事が出され，親の低所得等により偏った食生活を余儀なくされている子どもたちにとって憩いの場になっているという．こうした取り組みは，多くのケースで市民の善意によって支えられている．このような「草の根」の活動も，社会を下支えするための効果的な手立てである．

格差の全くない世を造ることはむずかしいであろうし，そうした世が必ずしも良いことずくめともいえないであろうが，格差が大きく開いてしまい，機会の平等さえ確保できないようになれば，経済の活力，政治や社会の安定も損なわれてしまう．近代における欧米が，また維新後の日本が目指してきた理念に今一度立ち返りつつ，よりよい経済社会の形成に意を尽くしていくことが求められよう．

本書は，みずほ総合研究所が数年前から手掛けてきた格差に関する調査を集大成する形で取りまとめたものである．政策調査部の雇用，社会保障の担当者を中心に，財政・税制や地域政策の担当者，さらにチーフエコノミストと経済調査部の研究員が加わり，日本の格差の実態を幅広くデータを用いて究明した．その上で，今求められる課題を明確化し，これから実施していくべき政策のいくつかを提示した．

民間のシンクタンクが格差をメインテーマとして書を著すのは，少ない事例に属することかもしれない．しかし，現在日本で生じていること，世界で起きていることを踏まえれば，格差の実態と処方箋について掘り下げた分析と独自の発信をしていくことは，シンクタンクの1つの役割であると認識している．

本書が世に出るに当たっては，編著者以外にも多くの方々の労に負っている．

1人ひとり名を挙げることは控えるが，この場を借りて謝意を申し上げたい．そして何よりも，岩波書店編集部の伊藤耕太郎氏のご尽力に与るところが大きかったことも，特に付記しておきたい．

 2017年3月

みずほ総合研究所 政策調査部長 　内 藤 啓 介

【執筆者】

高田　創　　常務執行役員　チーフエコノミスト

内藤啓介　　政策調査部　　部長
堀江奈保子　政策調査部　　上席主任研究員
野田彰彦　　政策調査部　　上席主任研究員
岡田　豊　　政策調査部　　主任研究員
大嶋寧子　　政策調査部　　主任研究員

徳田秀信　　経済調査部　　主任エコノミスト
宮嶋貴之　　経済調査部　　主任エコノミスト
上里　啓　　経済調査部　　エコノミスト

みずほ総合研究所

ハイレベルなリサーチ部門とソリューション部門に加え，独自の法人会員制度を擁する日本有数のシンクタンク．経済調査／欧米調査／アジア調査／市場調査／政策調査／金融調査――6つの分野のスペシャリストが，優れた分析力と国内外のネットワークを駆使し，付加価値の高いマクロ情報の発信や政策提言を行うほか，国や自治体，民間企業の個別課題解決ニーズに対応したコンサルティング・サービスを提供している．

データブック　格差で読む日本経済

2017 年 3 月 28 日　第 1 刷発行
2017 年 10 月 16 日　第 2 刷発行

編　者　みずほ総合研究所(そうごうけんきゅうしょ)

発行者　岡本　厚

発行所　株式会社　岩波書店
〒101-8002 東京都千代田区一ツ橋 2-5-5
電話案内 03-5210-4000
http://www.iwanami.co.jp/

印刷・理想社　カバー・半七印刷　製本・中永製本

© Mizuho Research Institute Ltd. 2017
ISBN 978-4-00-061183-1　Printed in Japan

書名	著者	判型・価格
21世紀日本の格差	橘木俊詔	四六判200頁 本体1800円
日本の教育格差	橘木俊詔	岩波新書 本体800円
生き方の不平等 ―お互いさまの社会に向けて―	白波瀬佐和子	岩波新書 本体800円
子どもの貧困 ―日本の不公平を考える―	阿部彩	岩波新書 本体860円
子どもの貧困Ⅱ ―解決策を考える―	阿部彩	岩波新書 本体860円
ルポ 貧困女子	飯島裕子	岩波新書 本体820円

――――岩波書店刊――――

定価は表示価格に消費税が加算されます
2017年9月現在